「できる店長」と「ダメ店長」の習慣

ダメ店長だった私が出世して2社から
ヘッドハンティングされたのには理由がある！

植竹　剛
uetake tsuyoshi

はじめに

何を隠そう、かつて**私は、この本にあるダメ店長の典型でした。**

でも、ダメ店長だったからこそ、今の自分があると思っています。理由はカンタンです。普通の方の数倍は失敗経験を積めたからです。

当時は上司や部下に多くの迷惑を掛け、不幸な退職をさせたこともありました。

でも、お客さま、部下、同僚、上司、お取引先など周囲の方々によって多くの気づきをいただき、多くの失敗と成功を経験させていただけたことは幸せでした。

ダメ店長の典型だった私が業績の向上、予算の達成ができたのは、ご来店いただいたお客さまをはじめ、部下やアルバイトスタッフの協力があったからこそです。それによってベクトルを一つにして店舗経営・運営ができたということに尽きます。

「できる店長」と「ダメ店長」との違いは？

よくコンサル先の社長に聞かれます。

そんなご質問にお答えする言葉は**「結果に真摯かどうかです」**のたった一つです。この言葉は、私の経営としての師匠（勝手に言ってます）であるピーター・F・ドラッカーが言われたもので、私は店長になりたての24歳のときにこの言葉に出会い、とても感銘を受けたのを覚えています。そのときから先ほどの問いの答えは変えていません。

結果にこだわれる店長はその過程（プロセス）にもこだわります。商売ですから、たまたまよい結果になることもあります。そんなときでも冷静に考えられるかどうかだと思います。

「そんなことはわかってるよ！」
「じゃあ、実際どうやるんだよ！」

と思われる方もいらっしゃるかもしれません。

皆さん、真剣に仕事をされています。必死に店長職の責任を果たそうとしています。

でも、なかなか結果が出ない……。

「デフレだから……、財布のヒモが固いよね……」
「景気がよくなったことを実感しているのはほんの一握り……」

こんな言葉で片づけてしまうのはちょっと寂しいですよね。

この本は、当時実際に悩んだこと、壁にぶつかったことを思い出しながら書きました。
そして、これから店長として自立しようとしている方に、楽しく充実したビジネスライフを送っていただくために書き上げました。
また、よくある店舗・店長のあり方として、販売管理や顧客管理など「○○管理」という言葉は極力使わないようにしました。

私の考えるキーポイントは、

・店長としての心得
・店長としての行動
・部下育成
・店舗のチームづくり
・店舗の運営力アップ
・対外コミュニケーション
・業績・数字のつくり方
・クレーム・顧客満足

という8項目からなっています。
ここから解決の糸口を見つけ出してほしいと思っています。
タイトルは店長職にフォーカスしていますが、私が店長時代以前のアルバイト、新入社員、店長補佐時代も載せていますので、店舗でのお仕事をされているアルバイトや社員の方々でも十分ご理解いただけると思います。ぜひ、ご一読いただければ幸いです。

闘志と情熱を内に秘め、ときに全面に出し、あとはニコニコ。こんな店長がいたらアルバイトも働きたくなると思います。そして店長ご自身も出社するのが楽しくなるはずです。店長の悩みや問題を解決するお手伝いになればうれしいです。

植竹 剛

2014年3月

○もくじ

第2章 ▼▼▼ 行動編

第3章 ▼▼▼スタッフを育てる編

第4章 ▼▼▼チームビルド・マネジメント編

第5章 ▼▼▼ 店舗を整える編

第7章 お店の数字編

○カバーデザイン　ＯＡＫ　辻　佳江

第1章

心得編

01 できる店長はアルバイトから学ぼうとし、ダメ店長は上司から学ぼうとする。

アルバイトが中心になって店舗の改善活動に取り組んでいるときに、臨店した上司から強い指示や推奨があった場合、店長はどう行動すればよいでしょうか。

上司が帰ったあとの店長とアルバイトのありがちな会話例を見てみましょう。

店長　　　　：「佐藤さん、ちょっといいかな?」
佐藤リーダー：「はい店長、何でしょうか?」
店長　　　　：「今さ、鈴木ブロック長から【笑顔のトレーニング】を最優先しろって指示を受けちゃったんだけどさ……」
佐藤リーダー：「えっ!?　確かに必要なことですが、今は【店舗ピカピカ月間】の真っ最中ですから、あれもこれもとなると効果が薄まると思うのですが……」
店長　　　　：「そうだよね……。でも上司から言われちゃったから何とか朝礼ですり込んでよ」

佐藤リーダー：「それは構いませんが、店舗の美化はアルバイトみんなで決めたことで盛り上がりはじめていますので、この勢いは消したくないですよね。何かよい知恵はありませんか？」

店長：「う、うん。考えてみるよ……」

ダメ店長ですね。この場合、「店舗美化」も「笑顔」も両方うまくいかないでしょう。

でもこれ、昔の私なんです。結局このときは、上司の指示に一旦《いったん》は従いましたが、常連のお客さまから美化活動を再開してほしいという声が続出し、結局もとの活動に戻ったのです。

このとき、「上司の発言や指導がいつも正しいわけではない」と気づくことができました。頭の切れる上司の言葉ほど、できる店長にとって心地よいものはありません。

店長職を経験した上司ですから、話の内容が体系的にまとまっていますし、ムダがなく、他店であった事例も豊富なので無理もありません。

一方で、アルバイトの言葉はどうでしょうか。

アルバイトは気づいたことをそのまま言うため、思い込みや一面的にしか物事を見ていないうえでの発言も多く、ときに何を言いたいのかわからないといったことも少なくありません。

さて、店長であるあなたは、どちらの言葉を大事にするでしょうか。「そりゃ、上司に決まってるでしょ」と考えるなら、ちょっと危険です。

よ〜く考えてみましょう。

上司は常に現場にいるわけではありません。そのため上司の発言は具体的な指示ではなかったりします。「こうすべきだ」ということが誤っていることも、実は少なくありません。

一方で、アルバイトの報告や意見はとても具体的な分、「お客さまの〝素〟の声」が見えてくる内容であるはずです。つまりそれは、今後の店舗で取り組むことを決める大切な言葉となります。そのまま改善事項になることも少なくありません。

このように、アルバイトの発言からは、学ぶことが多く、やるべきことも自然と明確になる、貴重なものなのです。

アルバイトからの意見を吸い上げてそれを承認すれば、モチベーションが高まるという効果もあります。そうなれば、改善する成功確率はますます上がっていきますね。


結論はこの3点です。

1．いろいろな意見をもらえる環境を常に整える。
2．今、店舗が取り組む優先順位をつくるのはお客さまの声。上司にはうまくネゴる！
3．実践の主役はアルバイトだからアルバイトが決めたことをやり抜かせる。

02 できる店長は人に任せようとし、ダメ店長は自分が仕切らねばと考える。

初めて店長になった方にありがちな現象です。今までは店長の補佐役としていろいろな仕事をこなしてきたマジメな方ほどやってしまう過ちです。

ちょっとタチが悪いのは、本人はいたって真剣にまじめに仕事に取り組もうとしていることです。手を抜くのではなく、肩の力を抜くというイメージでお話ししていきます。

店長補佐：「私は閉店後にメンテナンス専門業者を年2回入れるべきかと思います」

新人店長：「経費はどこから出るんだ？　自分たちでやらないとダメだろう」

店長補佐：「人件費と業務委託費を比較するとほぼ同額になりました」

新人店長：「じゃあ、壊《こわ》れたときの、一次対応能力低下の問題はどうするんだ」

店長補佐：「それは勉強会などでカバーできると思います」

新人店長：「お前はホントに物事の本質がわかってないな！　どの部分が故障するかなん

て、すべて予測できるわけないだろ！　手を抜きたいのか？」
店長補佐：「いえ、そういう訳では……」
新人店長：「もういい！　オレがやる‼」
店長補佐：「そうですか……それではお願いします……」

話の中身自体を精査すべきではありますが、このときの部下の気持ちを代弁してみると、

「あなたは補佐時代に気合いでやってきたことだろうけど、私には無理だな」

「どうせ、すぐに私に振ってくるだろうから、見積書だけ取り寄せておこうっと」

「この件は放置になるな。壊れたら対処しよう。オレのいるとき故障しませんように」

こんな感じでしょうか。

それでは「人に任せる」とはどんな会話になるでしょうか。

店長補佐：「私は閉店後にメンテナンス専門業者を年２回入れるべきかと思います」
新人店長：「そうか、新しいことをするときはメリットとデメリットがあるよね。その検証はできているのかな」

店長補佐：「はい、メリットは専門家が行うのでメンテミスが限りなく0になります。デメリットとしては、アルバイトの設備機器に関しての知識、故障一次対応の能力が低下します。ちなみに人件費と業務委託費との比較はほぼ同額です」

新人店長：「じゃあ、壊れたときの一次対応能力低下の問題はどうするんだ」

店長補佐：「それはメンテナンス勉強会でカバーできると思います」

新人店長：「そうか。ではデメリットの解消方法をもっと精査して再報告。内容によって承認するよ」

店長補佐：「わかりました！」

新人店長：「よろしく頼む」

――数日後――

店長補佐：「店長、よろしいですか？　先日のメンテナンスの件です」

新人店長：「うんうん、何かよいアイデアは浮かんだか？」

店長補佐：「はい、おつき合いのある機器業者さまにお願いして故障したときの対処方法を撮影した映像を入手できそうです。今の設備の90％はカバーできます」

新人店長：「それはよいアイデアだね！　お取引先には迷惑は掛かっていないね？」

店長補佐：「正直、ちょっとあると思いますが、1～2時間でできるとのことでしたので、この際、甘えてしまおうかと思います。これを勉強会に使用します」

新人店長：「なるほど、よくわかった。この件は補佐に任せるから状況報告だけは入れてくれ。オーナーへの提案書も書いてみようか」

店長補佐：「はい、やってみます！　これが代行起案ですね！」

新人店長：「そうだね。私も3年前に初めて書いたときは緊張したな～（笑）」

多くのことに気づくのでいつも忙しい店長。いくつもの仕事を同時進行するのが店長の仕事でもありますよね。

しかし、仕切ってばかりいては、いつかパンクしてしまいます。部下に与える悪影響にはものすごいものがあります。

あれ？　自分がやったほうが早いって？　**長い目で見れば逆に遅くなり、**かつ店舗の状況を悪化させるきっかけを作ってしまうことになりかねません。

02 できる店長は、任せるときの基準を決めていて、任せる勇気を持っている！

03 できる店長はライバルは異業種だと考え、ダメ店長は社内系列店舗のことしか頭にない。

視野の広さ・狭さについてのお話です。私はそもそも一つのことに集中することを好むタイプです。それは今でも変わっていませんが、一長一短で考えてみると、店長職としては「短」のほうが多く出てしまいます。

たとえば、異業種の店舗も含めて見るより、社内系列店舗だけを見ているほうが「楽」という表現になります。ただ私は、「新しいことを学ぶ機会を減らしてもいいのかな？」と思ってしまいます。

また、社内の他店と比較をして優劣を決めているスタイルにありがちなのは、「あの店舗より数字がよければ上司に叱《しか》られることもないな」、という精神安定剤にしていることです。

A店長：「やぁ、B店長、今月どう？」
B店長：「いや～、さっぱりですね～……」

A店長：「そんなことないでしょう～。先月はウチよりもよかったじゃない！」
B店長：「確かにそうですけど、前年対比１０４％の目標対比１００・４％ですから褒《ほ》められたもんじゃないですよ」
A店長：「まだ、クリアしてるからいいじゃん！　ウチは前年対比98％の目標対比94％なんだよ……。新しいこと何かやってない？　ぜひ教えてほしいんだけど」
B店長：「たまたまですよ～。何にもやってないですよ」
A店長：「ホントに～？」

なんだかまるで競合店の店長同士の会話みたいですね（笑）。でも、規模が大きい企業の場合、こういう会話はよくあります。なぜか、自分の工夫や努力を隠したがる人が出てきます。会社の思いとして成功事例を共有するということとは逆の方向に進んでいます。

また掘り下げると、同業で成功した内容だけをマネしても効果は薄い、もしくは続かないものです。同業でのアイデアはすぐに他でも実践でき、差別化の要素としては短命になってしまうからです。

次のような会話ならば素晴らしいですね。B店長の数字を聞いてからの会話です。

A店長：「まだ、クリアしてるからいいじゃん！　ウチは前年対比98％の目標対比94％なんだよ。新しいこと何かやってない？　ぜひ教えてほしいんだけど」

B店長：「今はなるべく店舗から出て、30分から1時間くらい周辺のお店を見に行くようにしています。他店でのお客さまとスタッフの会話・表情を見たりして参考になることを拾ってくるようにしています」

A店長：「うんうん、それで？」

B店長：「何か、こういうのベンチマーキングって言うらしいんです」

A店長：「やっぱり、外か〜。なんだかんだで小忙しいんだけど、無理してでもやったほうがよさそうだな！　Bさんありがとう！」

できる店長はお客さまが求めるニーズである「新鮮さ」「新しさ」は何だろうと考えています。言い換えれば「本当にこれ以上できることはないのか」を探し続けているのです。

確かに自分の評価を決める要素として社内比較はされるものです。でも、それだけだと視野を狭めてしまい、お客さまのニーズには応えられなくなってしまう危険性があります。

顧客の求めることは何かを自分なりに考えてみます。

1．お客さま全員に当てはまる基本的なサービスの継続した提供
・店舗の清潔感
・不快にならない接客態度
・均一な商品品質

ここまでは他店を参考にしてもよいでしょう。でも、あなたの会社がこの三つのレベルが低くても同業他社よりも「お客さまから」高評価を受けていることが前提です。

2．小意見の集合体で「ニーズ（ウォンツ）」となる本質的なサービスの提供
・まじめに基本的サービスを追求し続ける姿勢を見ての感心
・サプライズによる感激
・「対お客さま」という「群」ではなく、「個」として対応してくれる感動の継続

この領域に入ると、看板が同じ店舗であれば来店されるお客さまのニーズは一致するところが増えてきます。なので違う業界で今考えていることとは全然違うことを考えている人はいないかを探す必要があるのです。

03 できる店長は、常に視野を広げようとし、販売チャンスの勉強をしている！

04 できる店長はアルバイトをお客さまと考え、ダメ店長は子分と考える。

もしかしたら、部下やアルバイトの情報力をあなどっていませんか？　店長一人では決して調べきれない様々なことをアルバイトは知っています。

1．最新顧客情報（満足・不満足・要望）。

2．小商圏でのマーケット情報（あそこに新しい店ができた）。

⇐アルバイトがわざわざプライベートで行き、競合店調査結果を報告してくれる

⇐情報を選定して絞った内容だけ店長は行動（観察）すればＯＫ

店長のスケジュールを管理してくれることにもなる

3．アルバイトの細かい個人情報（を使ってシフトコントロールを最適化する）。

4．調子の悪い設備・機器を代わりに察知してくれる。

まだまだありますが、店長が知らなさそうなことを自発的に考えて教えてくれるということは、うれしいだけではなく、店長としての視野・経験を広げてくれる存在なのです。

一方で、部下やアルバイトに子分役を命じてしまったらどうなるでしょうか。

1．長所――店長の言うことには忠実に従う、愚直にこなす。
2．短所――基本指示待ち。

特に初めて店長になった方、店長の補佐役の方は要注意です。一見、自分が偉くなった錯覚に陥ってしまいます。人間は誰にでも征服欲はあるもの。

数字が絶好調のときはこの方法でもよいかもしれません。でも長い目で考えると、その店長が異動したら部下たちは糸の切れた凧のようになってしまうでしょう。そもそも「数字が絶好調」という基準はあくまでも予算・目標額に対してです。商売欲に際限はありませんから、**まだまだ数字を伸ばせるチャンスを失っている可能性もあります。**

ここに私がかつて、部下を子分にしてしまった事例をご紹介します。

私　　　　：「今日、オレんちに飯食いに来いよ！」
アルバイト：「え！　いいんすか？」
私　　　　：「おう！」
アルバイト：「じゃあ、みんなに聞いてきます！」
私　　　　：「うんうん」
アルバイト：「店長、８人になりました！」
私　　　　：「あいよっ！　うちのカミさんに用意させとく！」
アルバイト：「すげ～、やっぱり店長だな～！　奥サン何でも店長の言うこと聞くんすね！」
私　　　　：（超ドヤ顔）

まるでチンピラでした。「給料を払う代わりにしっかり働けよ！」的なものです。もちろんアルバイトたちは、一生懸命業務をしてくれたのですが、一つの問題を解決するのにとても時間の掛かる組織にしてしまいました。

部下：「店長！　わからないので教えてください！」

私　：「ん？　どうした？」

部下：「レタスが足りなくなりました。スーパーで買ってもよいですか？」

私　：「そんなこと……、当たり前だろっ！　すぐに買ってきなさい」

部下：「あの、お金は小口現金を使っていいですか？　発注ミスなので自腹ですか？」

私　：「小口を使いなさい。ところで今のレタスの在庫はいくつあるんだ？」

部下：「え〜、あの〜、0です」

私　：「何？　0か！　ダッシュで行って来い！」

部下：「は、はい！」

極端な事例かもしれませんが、実話です。私が店長として権限を落としていないばかりか、「会社として決められているルールよりも、私が店長として決めたルールが重要」という歪《ゆが》んだ組織にしてしまいました。もちろん私が気づかない間にです。結局私は自分の補佐役を自分の手で消してしまったのです。

04 できる店長は、視野の広がりを常に考え、自分だけが居心地のよい店舗はつくらない！

05 できる店長は自分の夢を最優先にして、ダメ店長は周囲の人の夢を最優先する。

店長になれる人となれない人の違いは表題の通りだと私は思っています。

店長の役割の一つに「部下の手本となる」というのがあります。これはオペレーション能力が高いといった努力すればできることとはちょっと種類が違います。

職務の手本ではありません。人間としての手本です。店長自身の人間としての仕事観を部下に見せ、その実現のためには君たちの協力が必要だと訴えられるかどうかです。

人は人の上に立つと、よい人であろうとします。

アルバイト：「店長、ちょっとご相談があります」
私　　　　：「どうした？」
アルバイト：「店長、私、女優になりたい夢はご存じですよね？」
私　　　　：「もちろん知っているよ。ダイエットもがんばってるよね！」

アルバイト：「はい、そんなことまで！　うれしいです！」
私　　　　：「で、どうしたのかな？」
アルバイト：「実は今度ボイトレ（ボイストレーニング）のレッスン料が上がるんです」
私　　　　：「つまり、今より多くシフトに入りたいってこと？」
アルバイト：「その通りです！　お願いできますか？」
私　　　　：「うん、いいよ。担当に言っておくよ」
アルバイト：「ありがとうございます‼」

当時のシフト希望は実力主義でした。自分の希望収入を満たしたいならば、能力を上げることというルールを課していました。しかも、アルバイト充足率は１００％。ちょっと予算オーバー気味でした。でも人件費を１～２万円超えても売上でカバーできていました。

能力を判定するのは「評価」です。その評価を上げることは、女優として人成することへのステップだと考えたのです。夢を応援してあげようと思っていました。

しかし、後にこの件は大問題になります。女性アルバイトから総スカンを食らうことに。ひいきしていると思われたのです。すぐに全員を集めて謝罪会見です（笑）。

私　　：「みんな、今回の件は本当に済まなかった。また一部噂《うわさ》になっているようだが、
〇〇さんと私の間は店長とアルバイト以外の関係はない。今信じてほしいと
は言わないが、〇〇さんも迷惑しているはずだ。これだけはわかってほしい」
全員　：「……」
続けて私：「この場で、シフト配慮の承諾は撤回する。ルール通りに能力が上がったらシ
フトインの優先度を上げていくことにします。また、今後このようなことが
ないように店長としてのシフト変更に関する権限を補佐に委譲し私は干渉し
ないことにします」
リーダー：「そこまでしていただかなくても結構です。ただ店長の親切心で店舗を迷わせ
ることはしないでください。それだけです」
私　　：「リーダーの言う通りだね。今後は慎重に意見を聴き、判断することにします」
リーダー：「はい、お願いします。みんな、この際だから腹の中のものを全部吐き出そう」
全員　：「はい……」
バイトA：「理解はしましたが、正直納得できていません」
リーダー：「確かにそうだと思う。でもこのバイトを続けてはいくのね!?」

バイトA：「ぶっちゃけ、辞めようかと思いました。でも店長直々《じきじき》に話があってその考えは止めました。これからもがんばります」
リーダー：「それでOKだと思うよ。みんなもそうかな？」
全員：「はい、そうですね」
リーダー：「店長、みんなの意見として受け止めてください。よろしくお願いします」
私：「みんなありがとう。○○さん、申し訳なかったね」
○○：「はい……。皆さん抜け駆けのようなことをして済みませんでした」

リーダーに救われました。でも修復には3ヶ月を要しました。このとき気がつきました。周囲の人の夢を優先するのではなく、**その夢の実現に向かうためにこの仕事が必要ならば店舗はそのステージを用意してあげる程度しかできない**ということです。

そして店長として自分の夢を熱く部下に語り、その実現のために努力している「背中」を見せ、協力を頼むことをオープンにしていきましょう！

05 できる店長は、自分の夢に向かって照れることなく、まい進する！

06 できる店長は雇われ店長を楽しみ、ダメ店長はオーナーになることを夢見る。

「あ〜あ、オレがオーナー（社長）だったら、こうするのにな〜」

店長ならば、一度はこんなことを思うはずですね（笑）。

正直、私がサラリーマン時代はこの考えが抜け切れませんでした。今は起業して社長になり、当時のオーナー（社長）がなぜ私の意見を否決されたのか、骨身に沁《し》みて理解できるようになりましたが……。

このように、店長の起案したことが承認されないことはよくありますよね。

ついつい、「なんでいつも自分ばかり……」と思ってしまいがちですが、だいたい皆さんそうですから安心してくださいね。

できる店長は雇われ時代に、将来自分がオーナーになったときのことを常にシミュレーションをするクセがついているものです。つまり、これぞと思って起案した内容が否認されても、その理由を探してさらに爪を研《と》ぐのです。

反対にダメ店長は一つの結果に一喜一憂するクセがあります。会社のために考え抜いて提案したのになぜ否決されるんだ、という気持ちが全面に出てしまっていることです。店舗経営というものは、あせってはダメ、というか、あせってはもったいないです。

店舗の業績向上に特効薬はありません。起爆剤（投資）の効果は一時的に過ぎず、大きい花火を打ち上げるほど、回収しづらいというリスクがあります。そして店舗の体制が整っていないと逆に大勢いらしゃったお客さまへのご迷惑と、サービス低下によるクレームが待っています。お金を掛けて信用を失うという最悪の結果ですね。

でも、ゼッタイに間違いないと思うならば、何度でも説得することしかありません。

店長：「部長、この前起案させていただいた件はどうなりましたか？」

部長：「あ〜、あれね。オレの所で止めたよ。否決だね」
店長：「えっ⁉　どうしてですか？」
部長：「だって起案の骨子が今の売上アップベースだからだよ。私はこの増加は一過性だと思っている」
店長：「そんなことはありません。商圏調査から行い、ターゲット顧客の人口も増えています。競合店との比較も行いましたが、ヒケを取っているとは思えません！」
部長：「確かにそうだね。でもそれだけでは承認する訳にはいかないよ」
店長：「なぜでしょうか⁉　申し訳ございませんが納得できません」
部長：「そうか……。ならばこの監査報告書を見なさい。ここの総合得点は平均点ギリギリだよ。好立地という訳でもない。しかも競合新店がドンドンできてるじゃないか」
店長：「ならば、今よりも店舗体制を向上させればよいのですね。わかりました」
部長：「それだけではないんだよ……。そこを認識できていないとなると何度出しても通さないよ」
店長：「はい……？」

これは私が店長になり立ての25歳のときのことでした。

このときの店舗の状況としては部長の予測通り、これ以上の売上増の方法が見つけられない状況でした。何とかしなければという一心で企画を起案しましたが、苦しいときの一か八かの戦法であることを見透かされていたのだと思います。

結果は地道な方法を選び、前年対比の売上をクリアすることができました。

このとき気づいたことは、**できる店長は否決された理由探し自体を楽しんで、改良版もしくは新しい提案を起こすことに情熱を注ぐということです。**その前に計画の段階で結果を予測して、仮説の検証をしてしまうこともポイントだということもわかりました。

オーナーになる人は、仕事自体を楽しめる人でなければ苦しい状況が待ち受けていることでしょう。まずは日ごろから楽しんで仕事をやることが一番ですね。

06 できる店長は、楽しんで仕事する努力を欠かさない！

07
できる店長は店舗で一番大事なのは数字だと考え、ダメ店長は人材だと考える。

人材の成長を先生気分で満足してしまう店長は多いもの。しかもここでの成長の軸はその店長の主観です。

チームプレイである店舗の仕事において、目標として掲げるものは、全員が共有できる数字しかありません。よく「数字至上主義」という言葉を聞きますが、数字は共通言語だからです。一切妥協を許さない言語＝数字ですね。

・人材＝プロセス
・数字＝結果

プロセスにこだわればよい結果は出やすいですが、絶対によい結果になるわけでもありません。店長としての真摯《しんし》さは数字という結果に対して責任を果たすこと。責任を取るなんて言葉はまやかしです。**責任を取って辞める、降りるはオーナーにしかできません。**雇われ店長は辞めろと言われるまで居続け、一生懸命頑張ることが**責任を果たしている**ことになるのです。

部下の社員・アルバイトもその姿を見て本当の成長（成長責任）を果たします。つまり、結果を出す、数字を上げることが一番の教育なのです。

飲食店の店長時代に、綿密に準備・段取りをして臨んだ一大イベントがありました。一気に数万人が集まる夏祭りで、店舗の場所が盆踊り大会の会場内にあるという好立地です。

普段の日商は8万円程度なのですが、この日は約10倍の80万円を目標にするほどです。アルバイトシフトから原材料の発注の管理、冷凍冷蔵庫もレンタルしました。バックヤードで資材の置き場がなくなり、店長室も包材置き場に変身です。

3ヶ月前から週2回のミーティングをしました。体調不良者を出さないようにするケア対策まで検討しました。

今までの最高売上は昨年の78万円です。私は着任前で、資料を見ると偶然その売上額になったようです。たぶんオペレーションもぐちゃぐちゃだったことでしょう。

そして当日、準備万端！　皆で円陣を組んでアルバイトリーダーから本気の掛け声。さながら高校球児のようでした。

営業中は完全に戦争状態。額の汗をぬぐっている暇もなく、クリーンキャップ（材質は紙の使い捨て帽子）は水分を含んで切れてしまうほどです。私も14時間ぶっ通しで店内に立ち続けました。

閉店し、私がレジ締めを行います。後片づけを中断し、皆がレジ前に集まっています。

結果は……、

79万９４００円でした……。

結果を告げると、アルバイトたちは悲喜こもごも。最高額更新！　目標額届かず……。

正直、６００円分私が商品を購入すれば目標達成です。悩みましたが止めました。未達成には何らかの原因があったはずです。

私は皆に言いました。

07　できる店長は、普段はプロセスに情熱を注ぎ、最後は結果にこだわる。これぞ職責！

「去年、ぐちゃぐちゃなオペレーションでお客さまにご迷惑をお掛けしての78万6000円と、今日これだけ笑顔をいただいての最高額79万9400円！　商品をご提供した価値が格段に向上しました。これは皆の成長の証です。どうもありがとう！　しかし、私の至らなさで目標額600円ショート。申し訳ない‼　来年こそは絶対に最高額、目標額を達成させたい！　卒業組のみんなは来年、お客さまとしてぜひ見に来てほしい。本当にお疲れさまでした！」

この悔しさがバネとなって人間として、店長として、成長させてくれます。この借りは翌年、きっちり返していただきました。

「目標100万円　実績104万5700円」

昔の手帳にはっきりと書いてありました。

第2章

行動 編

08

できる店長は一人で考えることを楽しみ、ダメ店長はみんなに解決策を相談する。

店舗の悩み。尽きることはありませんよね。

私が悩みでいっぱいになり行き詰まりそうなときは、よく一人で繁盛している居酒屋に行っていました。そこでほろ酔いになってあれこれ考え、そこに来ているお客さんの人間観察をしたり、店員さんに質問したりします。繰り返し「なぜ?」と問うて出てきた「仮説」をもとに、見たり聞いたり話したり「検証」するのです。

たとえばあるとき、こんなことがありました。

どうしても売上が上がってこないのです。人材の体制もほぼ完成して私自身が外回りの営業にも力を入れていたのに、どうしても集客に結びつかない……。イライラを解消しようと、店舗の近くの居酒屋に行きました。

普段はほぼ満席状態であるその居酒屋さんが閑古鳥!

私　：「え～！　なんで今日はこんなに少ないの??」
居酒屋：「あ～店長！　そりゃそうですよ！　もうすぐ農協からの入金がありますから」
私　：「えっ？　農協？　入金って何？」
居酒屋：「あ～そっか、店長まだこちらに来て1年経ってないもんね～。このあたりの農家さんは農協にお米を納めて、約２ヶ月してから一気にお金が下りるんですよ。そうしたら逆に大忙しになりますよ！」
私　：「そういうことなんだ！　いや～、私の店でもなんでかなとずーっと考えていたんですよ」
居酒屋：「今、店長のお店結構話題になってるから、これから来るよ～！」
私　：「それはうれしいですね～！　ボトル入れよっかな（笑）」

マーケティング調査が足らなかった私の事例でした。

もう一つご紹介しましょう。
富山県で店長をしていたときのことです。状況は同じく売上の悩み。

競合店調査をしてみると、どうも最大のライバル店舗にお客さまが流れているようです。さっそく私も覆面調査に出掛けました。たしかに自店の常連さまがチラホラと。私がいることに気がつくと、気まずそうにソワソワとしています。直接お声掛けするのはライバル店に失礼になりますのでそのまま退店し、その日は仕事を切り上げてランチビールを出してくれる行きつけのお店へ繰り出しました。

ランチビール3杯目（飲み過ぎですね……）に手を出そうとしたときに、なんとライバル店でお会いした常連さまがご来店！　バッチリ目が合いました！

常連：「あっ！　店長‼」
私　：「こんにちは～」
常連：「出直そうかな……」
私　：「まぁまぁ、ご一緒にいかがですか！」
常連：「うん、まぁ……」
私　：「質問していいですか？」
常連：「やっぱり……。はっきり言うとね、今あっち（ライバル店）のほうがソソル広告出してるんだよな〜」

私　‥「そういうことですか……。ウチは健全営業なので、あおる言葉は控えてるんですよ……」

常連‥「もちろん、わかってるわかってる。店長の営業努力は認めるけど、やっぱりギャンブルだからね〜」

私　‥「確かにごもっともです！　何か工夫して期待感バリバリのメッセージをお届けします！」

常連‥「おっ！　店長頼もしいね〜！　期待してるよ！」

改善ポイントをはっきりとわからせてくれる事例でした。

このように店長が自分の考えをしっかり持つためには、**「一人の時間をいかにつくるか」**ということが大事なポイントなのです。

08 できる店長は、孤独を愛する！

09

できる店長は清掃をしながら悩み事を考え、ダメ店長は事務所で悩む。

前項に続いて、店長のお悩み解決方法その2をお話しします。今回は店舗内編です。

店長だけではありませんが、数字、改善活動、お客さまからのクレームなど、仕事での悩みは尽きることはありません。

もちろん、「考える」という行為をします。そのときに、意外と「事務所でモンモンと考える」ことが多いのではないでしょうか。

事務所であれば、店舗に関するデータはすべてそろっています。原因の分析は座れる場所で行うべきでしょう。そこから問題の本質的な原因探しや解決策を考えていきます。

しかし、なかなかよい答えが出てこないことのほうが多いと思います。

実はコレ、問題が迷宮入りしやすい行動パターンなのです。

あなたは、調子の悪いとき店頭に立つのがちょっと嫌になり、事務所に逃げ込みがちになっていませんか？

そういう方は要注意です。

その理由を一つ言えば、往々にして「答えは現場にある」からです。事務所はこの意味合いでは現場とは言えません。


これを理論的に説明すると、右脳と左脳の役割に問題があるということです。右脳でとらえた情報がイメージとなって、左脳へ伝達されるそうです。それから左脳の中で思考や論理性の確認が行われるそうです。

少々極端ですが、事務所で悩むという行為は、数字を眺めるなど、左脳ばかりを使っていることになります。問題を感覚でつかもうとしないため、ヒントとなるものがだんだん少なくなっているのです。


私の現役店長時代は、このような脳ミソの構造はもちろん知りませんでした。そういうこともあり、悩みがあるときは事務所にいるだけでなかなか解決せず、イライラしていたことを覚えています。

では、どうしたら悩みの問題解決ができるのでしょうか。私は「清掃」をするようにしていました。ここでは解決策が思いつくための方法をお知らせします。

第一は「事務所内やバックヤードの清掃」です。ポイントは何も考えずに黙々と行ってください。汚れを睨《にら》みつけて、周囲の人がちょっと引くくらい没頭してください。そして15分間。最初は結構キツイと思います。または「ここを磨き上げるまで」でもOKです。

ここでの狙いは、仕事のことはまったく考えずに何かをすることでリフレッシュすることです。汚れを見る目、動かす手・腕。しゃがむことで下半身も使います。清掃ってかなりスポーツ的要素があります。

五感を使って何かに没頭すると、かなりスッキリします。

「こんなレベルで悩んでる訳にはいかない」
「ここで終わる私じゃない」
このようなよい開き直りに自分も導けるかもしれません。

したがって、右脳をフル回転し、情報を左脳へ送り込むことが重要となります。すると、データとにらめっこしていた記憶と相まって、アイデアがうまれやすくなるのです。ここで何か斬新なアイデアが浮かべばラッキーですね！

元来、体を動かすオペレーションに慣れている皆さんのはずです。本来の動きでよいと思います。

そして次はお客さまがいらっしゃる場所です。店頭をはじめ、不要物をチェックして捨てるなどもよいと思います。この場合は何かヒントは落ちていないかを探しながら行ってください。必ず一つは何かしらのヒントが見つかるはずです。

09 できる店長は、作業に没頭することでリフレッシュし、店内で解決のヒントを見つける能力を持っている！

10 できる店長は睡眠時間を決めているが、ダメ店長はギリギリまで寝ている。

店長という職業では、生活のリズムは時間帯ではなく、絶対時間で決めることが大切です。これにはとても強い意志が必要で、苦痛を伴うことも多いものです。でも私が知る限り、成功している店長のタイムマネジメントは、このように自分が決めたルールを黙々と実行しています。

長時間営業の店舗に勤める方々にとって、時間帯の乱れはつきものですよね。「昼夜の逆転現象なんて日常茶飯事」という方もいらっしゃるでしょう。しかし時間帯に縛られるとパフォーマンスは落ちてしまいがちです。

睡眠時間のコントロールは、自分の健康、集中力、勉強とは別に、周りの従業員へも影響します。

「明日はゆっくり午後出勤だから朝まで飲んじゃおう」は年に数回程度にしたほうがよ

いですよね……。

私が33歳のときのことです。遅番が終わって帰宅しました。午前2時。自宅では私の分の夕食がラップされて食卓の上に置いてあります。空腹を我慢して風呂へ。湯船に浸かりながら一日を振り返っていました。

そのとき気づいたことは、風呂場専用メモ「ホワイトくん（ホワイトボードとマジック）」に書いておきます。入浴後は無意識に缶ビールへ手が伸びます。「くぅ〜っ！」の後、ふと思いつきました。

「最近深夜にお腹いっぱい飲んだり食べたりすると、翌日の目覚めが異常によくないな。ご飯は食べずに腹6分で就寝してみよう」

それまでは「店長〜！　ファミレス行きましょう！」という部下やアルバイトからの誘いには笑顔で100％対応（笑）。また、私から誘うこともありました。

すると、翌日は胸焼け状態で起床。下手をすると起床後数時間は調子が出ない状態です。皆さんも一度は経験されていますよね。

腹6分作戦は大成功でした。空腹を感じて起床しました。朝食もおいしく、職場についてから、すぐにアクセル全開です！

また、なぜか考え方までポジティブになってきます。俗に言う「バリバリ仕事モード」で一日があっという間に過ぎていきました。

「これは素晴らしい！」が実感でした。

知識として頭では理解していてもなかなか「実践」できないのは、人間の性《さが》なのかもしれません。でも、この日から大切な日の前日はほぼ食事を摂《と》らずに寝る習慣が身についています。

睡眠時間を決めていない人は、その幅でしか世間を見られなくなるようです。私は食事と睡眠の関係をきっかけにそこから視野が確実に広がりました。シフト制の店長は工夫次第でいろいろな体験ができることを実感したのです。

たとえば、「当日遅番、翌日は午後2時からの出勤、午前中に終わる勉強会の参加」というケースを考えてみましょう。

このスケジュールをこなすには、前日はできれば午前2時には就寝して午前6時台には起床したいですね。睡眠時間は約4時間。毎日だとキツイかもしれませんが、一日くらいなら可能なはずです。

「この勉強会に参加することで自身の○○の部分に役立つはず」

参加したことによって何かの結果を生み出せたらこんなにうれしいことはありません。

サービス業つまりサービスを提供する立場にある方は、普通に土日休みの方と同じ生活を送っていては、満足を超えるものを差し上げることはできません。

店長という立場にある人は自分を自分自身で成長させなければならない宿命みたいなものを背負っています。言い換えれば、自己判断でドンドンいろいろなことにチャレンジができるのです。したがって、睡眠時間を決めることは、仕事の質の向上と自分の成長につながるのです。

10 できる店長は、生活のリズムに気を配る！

11 できる店長は自分のスケジュールを優先し、ダメ店長は人のスケジュールを優先する。

「人に合わせる」という犠牲的精神を持つ店長は多く存在します。「サービスをご提供し、喜ばれることが働きがい」ということはまさしくその通りです。しかし、このケースでは「店舗に合わせる＝みんなへのサービス」という拡大解釈と私は考えています。そして、「自分がカブればいいや」という考えはときに組織を弱くします。

私が繰り返し強調していることは、店長という職務は「一線を画す」ということです。

シフト担当：「店長、お願いがあります！」

私：「またか……。どこが弱いんだ？」

シフト担当：「はい、今度の日曜日の昼ピークです……」

私：「うん？　今度の日曜日は自治会の運動会に来賓で呼ばれているのは知ってるだろう？」

シフト担当：「はい、事前に伺《うかが》っておりますが、どうしても人数が足りなくて……」
私　　　　：「そこを何とかするのがお前の仕事だろう？」
シフト担当：「はい、全員に当たってみたのですが、シフトに入れないアルバイトは皆予定があるそうで……」
私　　　　：「おいおい。シフト担当として一番マズい状況なんじゃない？　典型的な『いいなりシフト』になってるんじゃないか!?」
シフト担当：「体調不良者が4名おりまして、休日ピークでは体力が持たないかと……」
私　　　　：「う〜ん、わかった。会長とのごあいさつを済ませたら場を辞すよ……」
シフト担当：「ありがとうございます。店長は二人分でカウントさせていただきます！」

地域とのコミュニケーションを図って、集客につなげようとした矢先のことでした。もちろんこの後の「つながり」には至りませんでした。稟議書《りんぎしょ》を回付してやっと承認を得たのにです。

部下の責任にはできません。当人は一生懸命シフト交渉をしていたのは私も見ています。すべての業務で店長は部下のフォローをすることは言うまでもありませんが、このようなケースはとても多いはずです。最悪、冠婚葬祭でもこのようなことがあります。

ダメ店長の典型は店舗シフトの弱い・不足時間帯に自分のシフトを合わせる傾向にあります。つまり、自分のスケジュールを組めなくなっているのです。短期的には部下に重宝がられますが、長期で見ると部下の首を絞める結果になっていることに気づいていますか？　その理由は、

1. 本来のアルバイトとしての機能であるシフトを埋めることの必要性が減る。
2. 慢性的に不足しているがそれでもよい（仕方がない）と錯覚する。
3. 店長自身、マーケット調査や会議などの外出ができない（そうでないと売上減）。
4. 店長の不必要なオペレーション参加によって店舗運営に支障をきたす。

何を申し上げたいかというと、店長のオペレーション参加は計画的でないといけないということです。当然繁忙日は店長自らが先頭に立って指揮を執《と》ることも大事です。でも**真相は店長の直接労働力が必要なのではなく、一緒に汗をかいて苦しい時間を共有する「パフォーマンス」が必要**なのです。『**管理者は演技者であれ**』、これに尽きます。

運動会の例では目先の売上を取った私自身の部下に対する迎合《げいごう》が負の原因の元凶です。

できる店長は「泣いて馬謖《ばしょく》を斬《き》る」くらいの背水の陣があっていいと考えています。言いなりはいつしかそれが当たり前になり、できないときには部下のモチベーションを下げるという悪循環に陥ります。部下の考えは「この店長はヤル気がない」「うちの店長は職権乱用している」というお互い不幸な考えを持たせてしまします。

ということはできる店長は冷静に自分の行動計画を作成し、フォローできる・できないをクールに部下に伝える勇気を持っています。

折衷案としては営業計画とリンクさせて、どうしても必要なときだけ、つまり部下からの「泣きの1回」だけは聞き入れるようにします。

スケジュールの調整をするのもよいかもしれません。でもなるべくはしないほうがお互いのためでしょう。そこまで自分のスケジュールを考えているならば、部下も諦《あきら》めがつく分、店長に結果を求める無言のプレッシャーも増えてくることでしょう。しかし、それこそ店長の腕の見せ所。結果をもってお互いの信頼関係を厚くしていきましょう。

11 できる店長は、常に長期の眼で見据え、的確に今をとらえる！

12 できる店長は10分余裕ができると仮眠し、ダメ店長はあてもなくネットサーフィンする。

ビジネスパーソンにとって、睡眠時間のコントロールは難しいものですね。睡眠不足は頭の回転を鈍らせます。アイデアが浮かばないばかりか凡ミスも誘発してしまいます。そして気持ちもなんとなくどんより……。

私は学生時代から休み時間の10分はよく寝ていました。意外とすっきりします。医学的にも証明されてきているようです。

10分の余裕時間をつくれる店長は仕事もスムーズになるでしょう。

一方、居ることが仕事になっている店長は手持無沙汰になってネットサーフィン……。差は歴然ですね。でも意外とやってしまいがちなことでもあります。

ただ、寝る場所については考えておいたほうがよいでしょう。

事務所だと人の出入りがありますし、部下に気を遣《つか》わせてしまいます。人目につかないところがベストです。

ちなみに、私はアルバイトが休憩に入ってこないタイミングを見計らって「ここで10分イケるな……」と予定を決めて仮眠していました。そして、その時刻までに何を終わらせるかも考えていました。

自論ですが、店長はこの程度「ズル賢く」てもよいと思っています。毎日プレッシャーの掛かる仕事をしていますからね！

私が神奈川県の企業で仕事をしていたときの話です。現在の表現では「ウルトラブラック企業」になってしまうので社名は伏せておきますが、とにかくモーレツに働く会社でした。

店長代理の月間労働時間は400～500時間。超人は500時間オーバー。一日のほとんどを店舗で過ごします。はっきり言うと、自宅に帰る気力がなくなります。思考回路は常に停止。いえショート状態。オペレーションから戻り、事務所でデスクワークをしていると1分以内でボーっとしてくる有り様です。

そんな中、真っ赤な目をしながらも黙々と仕事をこなす上司がいました。その精神力の強さにはただただ感服していました。

でもこの店長こそ、この10分睡眠を実践していました。雇われ店長の身でしたが、この会社の社長はものすごくバイタリティのある方で、店長＝経営者として扱います。これがとてもよい経験となって個人の財産になっていきます。だからこそ、超長労働時間でも高い志を持って乗り切れたのです。

これはさすがに極端な例ですが、実際私がお会いした店長の平均労働時間は月２５０時間前後でした。やはり他の人より働いていますよね。シフト制であれば生活も不規則になってリズムをつかめないことも出てきます。

だからこそ、この10分睡眠は非常に大切なのです。

ネットサーフィンがいけないのは、パソコンに向かっていると周りからは仕事をしているように見える、という所にもあります。

つまり、**中身のない時間＝周りへの装い**ではどうしようもないよね、ということなのです。

同じ時間を使うなら意味のある結果を出したいものです。そのための工夫の一つとして参考にしてください。

余談かもしれませんが、最近『脳を活性化させる10分仮眠メソッド』（坪田聡著：学研パブリッシング）という本まで出版されています。睡眠の専門医が書かれた本で、医学的にも脳の働きが上がることが認められ、仕事の能率が上がると書かれているようです（聞いたお話でまだ読んでいませんが）。私の持論そのものです！

12 できる店長は、サボるのがうまい！

13 できる店長はライバルの懐に入り、ダメ店長はライバルを憎むだけ。

「自店の業績向上の邪魔になる者を排除したい」という気持ちは当然の心理ですね。あなたの周りに敵は多く存在します。

同業他社や近い業種すべてが同じお客さまを取り合っていることは皆さんよくご存じのことです。

しかも、自店よりもライバル店のほうがうまくお客さまをとり入れていることだって、考えられます。

そんなとき、店長であるあなたはどのような行動をとるでしょうか？

事務所で「あ～イライラする‼　あの店閉店しないかな～！」と叫んでいませんか（笑）？

この言葉が出る店長は「あともう一歩」店長さんです。なぜかと言うと、自身が考えることはほぼやり尽くして、それでも業績が上がってこないという状況かと思います。できるとダメの中間、「惜しい店長」と言ったところでしょうか（笑）。

こんなときはよい意味で開き直りましょう。そうです、ライバル店に行ってみて、店長さんやスタッフさんと仲よくなってしまうくらいでＯＫです。


ではここで、私の知人で飲食店のオーナーをされている方の話をします。現在5店舗を経営されていて、業績は全店舗が黒字。私も尊敬する人物の一人です。この人物が非常に面白いんです。

どう面白いかと言えば、商圏内で店舗が建つ情報を得ると、すぐに視察に出掛けます。そして建設中の建物の中にズケズケ入っていってしまいます。格好は作業着にヘルメット姿です！


まず、間取りや客席数を概算で暗算します。「あの〜、どちら様ですか？」と呼び止められるまでリミットは1分30秒と計算済です。その間で知りたい情報を得るのです。

加えて、呼び止められたとき、現場監督さんに話し掛けてしまいます。「施工状態からあと何日で開店ですね、頑張ってくださいい」「えっ！　そんなにタイトスケジュール？

それは大変でしょう」なんて話し掛け、ドリンクの差し入れまでしてしまうのです。すごいバイタリティーだと思いませんか?

でも、スケジュールがタイトなんてことはいわば当たり前。わかっている上で、話し掛けています。

私もロッテリア時代、初配属は都内でも有数のアーケード商店街の中にある店舗に勤務していました。直線距離で30メートルのところにマクドナルドさんがありました。客席数は2・5倍、レジの数は3倍という圧倒的な差です。

どうやっても勝てません。昼はピーク時なのに自店は満席になりません。

「悔《くや》しい」が私の口癖になりました。何でもいいから勝ちたい！という気持ちから3ヶ月間、毎日マクドナルドさんへ通いました。私が超常連になったのです。

正体も明かしました。徐々に慣れ、一部の方を除いて、「えっ！そんな情報まで」という内容まで話してくれるようになりました。もちろん、自店の情報もギリギリのラインまでお話しました。

そんなとき「ロッテリアさんのシェイク（ロッテリアでは「シェーキ」）って本当においしいよね」の一言が。

これだっ！　と思いました。新人マネジャーだった私はアルバイトに協力をしてもらって企画書を書き上げ、店長へ提出しました。

その後、会議で発表し、企画が通りました。ここまでくればあとは結果を出すだけです。最終的には約7倍の販売個数になり、こっそり聞いたところ、たった一日でしたがマクドナルドさんのシェイクの販売個数を超えることができました。

万事手を尽くしても結果が出ないことはあります。そんなときは敵の懐《ふところ》に入ってしまいましょう！　当人にとっては何気ない一言でも、それが宝物になることがあります。事務所でイライラせず、外出をしましょう！

13　できる店長は、ライバルをよく見て、すべてを吸収する。そして必ず何かを得る！

第3章

スタッフを育てる 編

14 できる店長は部下への厳しさを優しさと考え、ダメ店長は部下にひたすら甘い。

私がまだ若いころは、自分の立場は店長でも、アルバイトとの年齢差がなく、とても苦労しました。

私が最初にお店を任された当時、武田くんという私と同い年のアルバイトがいました。私の「わがままスパーク」に黙々とついてきてくれた逸材です。何があっても「わかりました」の一言で周囲の説得から実行まで請け負ってくれました。

そんな彼とも、最初で最後、一度だけぶつかったことがありました。

私　：「おい、武田！　○○は△△とつき合ってるのか？」

武田：「たぶん……」

私　：「隠すなよ！　シフトの出勤希望を見れば一目瞭然なんだよ！　なんで報告しないんだ！」

武田：「だって竹マネ（＝私のこと）に報告したら、別れさせるか、どっちかクビにするでしょ……」
私　：「当たり前だ!! 私情が入るシフトはオレが許さないのはお前も知ってるだろ！」
武田：「はい……。でも二人は本当にお互いが好きで好きで……」
私　：「ホントに好きなら店に私情を挟むなって言っとけ!!」
武田：「……」

その恋愛によって、他のアルバイト同士の男女間でわだかまりができてしまっていたのです。二人は蚊帳《かや》の外にされたのです。
私はこの周囲のアルバイトたちの「妙な自分たちの正当化」を恐れていました。ヒガミやネタミかはわかりませんが、組織内の密度（仲のよさ）が高まると一種の「火種《ひだね》」を求める人がいるものです。
私は武田くんに相談しました。

私　：「武田、どうすればいい？」

武田：「竹マネ、チームを立て直すしかないっすね」
私　：「やはりそうか……。でも他の（人を入れ替えない）方法はないのか？」
武田：「ここまでチームが崩れたら仕方ないっす」
私　：「わかった……考える……」

その恋愛に発展した二人も有能でした。しかし、私はカレのほうに詰め寄りました。「どっちか辞めろ、いやお前が辞めろ」
カレは準社員として、店舗の鍵を預かるまでの実力があったのです。ですから、シフトの基本パターンは完全に崩れることになり、店舗にとっては痛手でした。それでも結局、カレのほうが店舗から身を引きました。

そのカレは10年来のベテランアルバイトでこれまた私と同い年。カレに対しては、居心地のよいフリーター生活を卒業し、「就職すべき」という思いがありました。本気で恋愛し結婚を考えるようになったときに、今の生活ではいけないのではないかと考えたからです。その気持ちが私に行動をさせた一因でもあったのです。

当時は本当につらい決断でした。

それでも、後にその「カレ」とは再会し、武田くんと口を揃えて私に言いました。

「正直、あのときは竹マネをぶっ飛ばそうと思った。でも今思えば、竹マネも苦しかったよね」

本当に涙が出ました。申し訳なさとうれしさが入り混じって表現のしようがありませんでした。**あのとき二人の恋愛を許して（甘さを出して）いたら、こんなにわかり合える仲間になっていなかったことでしょう。**

部下への甘さは、ときに組織を崩壊させます。個人の指導や教育の場面では甘さは妥協になります。甘さは「逃げ」なのです。店長のあなたには、厳しいことを言わなくていけない、あるいはせざるをえないときが訪れるかもしれません。

しかし、断固として店長はお客さまにサービスや商品をご提供する場所（店舗）を守らなければならないのです。

14 できる店長は、キツイことでもしっかり言う！

15 できる店長は人に任せるまでの準備をし、ダメ店長は人に任せることを怖がる。

人に任せられないのは、新人店長さんにありがちな症状でしょう。また逆にベテラン店長は任せてはいけない人に任せてしまうこともあるかもしれません。

人間の性《さが》かもしれませんが、自分が一番信用できると思っていませんか？　私は自分のことは好きですが、実は自分が一番信用できないとも思っています。

店長であれば、必ず他人の力が必要です。**部下の失敗が自分の責任になってしまうならば、自分でやって失敗した方がよい、という考えは今すぐ捨ててください。**

見出しにある「準備」の代表として「部下教育」が思いつくことでしょう。確かに大切なことですし、やらなければならないことです。

しかし、「教育」とは、人材の成長というゴールに向かう際、あくまでもその「間」にある過程のことです。

「よし！　バンバン教育するゾ！」とモチベーションを高めて2～3ヶ月格闘したとし

ます。その後に起こることは何でしょうか?

「こんなにがんばってお客さまもたくさん増えたのに、給料（時給）が上がらないな〜」

そうです！「評価」と「処遇」の問題です。モチベーションが一気に落ちてしまうまさに「曲者」です。

評価の仕組みのつくり方を次ページに書き出してみます。

ここで「何がどんなレベルに達したかを明確にできるツール」がほしいですね。ちょっと難しく言うと「職務要件表」というものになります。これは1〜3店舗くらいの規模でも十分使えますのでぜひ作ってみてください。

まず、店舗のオペレーション（作業）をぜ〜んぶ書き出します。出入口の掃き掃除などからです。時間帯や曜日・月単位で考えるとドンドン出てきます。「面倒くさい」と思わずに、店長一人ではなく、みんなでやってみてください。

多いと数百にもなるかもしれません。これを方眼入り模造紙の縦欄に書き込んでいきます。掲示する場所はバックヤードの廊下などがオススメです。横の欄には氏名を書いていきます。

そしてここからがミソ。評価は店長がするのではなく、なるべく同じ職位（アルバイトなど）にしてもらいましょう。その後店長が確認し、印鑑を捺していく方法でOKです。

次に「処遇」とは評価の結果、どれだけの昇給、手当を支給するかという、いわば個人の「実利」という意味でとらえてください。

まずは、スタートラインである店舗・チーム・個人の各目標設定を最初に設定します。まとめておきましょう。

1. 目標設定（ゴール設定）。
① 定量目標　例：売上高　客単価　固定費額　利益額など
② 定性目標　例：QSCレベル　シフトパワーアップ　在庫管理　衛生管理など
2. 目標達成させるための優先順位決め（強み・弱みの明確化）。
3. 各計画をつくる、各責任者を決める（最終責任は店長）。
4. 店舗内会議、ミーティングなど会議体の整備・ホウレンソウのルールを決める。
5. 評価の仕組みをつくる。

①評価内容と重点項目の加点・減点

②人事考課表への反映

（※単純に○○ができたら「□□点アップ」でもOKです）

③点数や評定（SABCD評価など）を決め、処遇額へ反映

6．説明会・質問会。

↓

レッツスタート！

これを見ると「とっても大変！」が第一印象かもしれません。確かにすべてつくり上げるには時間が掛かります。

大事なので繰り返しますが、**全員を巻き込んでワイガヤで集中して**やってみてください。**自分たちの評価や処遇を自分たちで決められることはすごいモチベーションアップ**になるはずです。個人が、チームが頑張れば必ず報われるからですね。

15 できる店長は、自分をフリーにすることで視点が広がり、気づき、新しいことにチャレンジできる！

16

できる店長はアルバイトのプライドを引き出し、ダメ店長は自分の過去のプライドにしがみつく。

結構人間って、自慢と他人の愚痴をこぼす人が多いですよね。人から認められたいと同時に見放されたくないという両方の思いがあるはずです。

今のアルバイトさんの傾向として、ちょっとかったるくすることで興味を引くようなテクがあるようです。一生懸命働く姿がちょっとカッコ悪いという錯覚もあるようです。なので、人間の感情の奥底を引き出し、お店の戦力にする能力が店長には求められています。どんな知識よりも大切だと私は思っています。

では、どのように引き出すのでしょうか。まずは観察とコミュニケーションですね。この二つを一気にやってしまうテクニックがあります。

方法はとってもカンタンです。見たことをそのまま話せばよいのです。

例：うん？　髪型が昨日と違うかも……　⇓　美容室行った？

これでＯＫです！　このように気づいたことをそのまま言えばよいのです。当たり前ですが、「太った？」とかはハラスメントになるので注意が必要ですね。

人は評価され、褒《ほ》められたいものです。その前に自分の存在に気がついてほしいという欲求があります。ここをくすぐり続けるのです。

すると少しずつ心の扉が開かれていきます。「素」がちょこちょこ出はじめます。ここからがミソです。業務中の観察で何かこだわっていることが見えてくるはずです。

出入口のマットが曲がっているとすぐに直しに行ったり、レジ対応の前後でダスターでキーを拭いたり……。そして一声掛けましょう。


「○○さん、□□にこだわってるね！　いい感じですよ～（笑顔）」

この一言でいろいろな情報をプレゼントしてくれます。


「新人のころ、○○先輩に叩き込まれたんですよ」

「はい、結構気になっちゃうんですよ」

直接本人の情報以外（他のスタッフのことなど）もゲットできたりします。この積み重ねをして、本人にズバリ言って上げましょう。

「○○さんて、□□にとってもこだわってない？」

よいことでも悪いことでもズバリ直球勝負。これによって同意や反感というリアクションを得られます。間違っていたら「ゴメン」の一言でまず大丈夫。もしも本人が気にしているようならば後でフォローしましょう。

「プライドを引き出す」とは「本音を引き出す」と置き換えられます。本当のコミュニケーションとはこのことですよね。私は「飲みニケーション」とはこれをするための肩ほぐしみたいなものと考えています。

店長自身の過去のプライドはあくまでも過去のものです。**自分自身にはインパクトがある経験だったとしても、他人にしてみれば「ふ～ん」程度なのです**。何より「鮮度」が落ちている情報なのです。

私は転勤族時代も含めて、生まれてから14回引っ越しをしました。そのたびにゴッソリ荷物を捨ててきました。捨てたことで不自由さを感じたことは一度もありません。逆にいろいろ持ち過ぎるとかえって厄介《やっかい》です。会社や店舗が変わると店長とはいえ「ただの人」です。この際、スパッと捨ててしまいましょう。リセットと言ってもよいですね。

そして捨ててはいけないのは「仕事へのプライド」ですね。これだけは捨てられないはずです。

過去の自分にこだわっていると、周囲の人に自然と「バリア」を張ってしまっていることにもなります。周りから投げ掛けてくれるコミュニケーションをシャットアウトしていることになってしまい、完全に損をしてしまいます。

16 できる店長は、自分の過去の栄光はスパッとリセットし、部下のプライドを引き出して業績を向上させる！

17 できる店長は書類から意志・情熱を見て、ダメ店長は書類の納期を見る。

パソコンが普及した現在、「メールで送って〜」という会話が増え、また資料作成もエクセル・ワード・パワーポイントで、簡単にきれいに作成できるようになりました。その結果、ファイル数も激増していることでしょう。共有パソコンではどこのフォルダに何が入っているか見つけられず、検索から仕事がはじまることも多いはずです。

煩雑になり過ぎて店長が接客をしている暇がない、なんてこともしばしば。書類が増えていく原因は本部や店長の間接上司が机に座りながら店舗のことを把握したがるからです。上司が店舗を回れば済むことも多いはずなのですが……。

また、同じ現象を店舗内で引き起こす店長もチラホラ。会社に提出する資料のために補助資料を店長自らがつくったりしていませんか？

ちなみに**新しい書類を店舗で作成するのは愚の骨頂です。**店舗人材はお客さまの前に立ててナンボです。どうしてもほしいなら本部など、ラインスタッフ（得意な人）にリクエストすべきです。

答えは現場にたくさん落ちているので、店長は提出書類の中身を把握しながら現場でポイントをメモりまくることでだいぶ時短になるはずです。

当たり前ですが、パソコンは処理をする道具です。考えてくれる道具ではありません。私がコンサルタントとしてクライアントさまの現場（店舗）に入って観察していると、パソコンの前で腕組みしながらずーっと考え事をしている社員の方を見掛けます。サービス残業もしばしば……。

メモすることは頭の中で考えていることをアウトプットしていることになります。この作業をするだけで考えをまとめようとする動きが脳内ではじまります。考えながら考えているモードにもなってくれます。これは効率が上がりますね。

また、現場に出ていない、納期にばかり目が行きやすくなる傾向にある人もいます。増してリアルさに欠けるので時間も必要以上にかかるもの。

形（納期）にこだわり過ぎることは「遅いと言われたくない」「まずは提出して指摘されたら直す」という他責思考です。店舗内の部下にこの傾向があると要注意ですね。前任店長がそのように仕向けてしまったのかもしれません。粘り強い教育が必要です。

「納期を守る」というビジネスの基礎はもちろんですが、「納期は守る」くらいの位置づけでいてください。部下に提出指示は出しますが、会社への提出であれば店長自身も作成し、部下から出てきた書類と突き合わせるくらいの労力がはじめは必要かもしれません。

納期だけこだわる人は「面倒くさがり」で部下教育の機会を一つ潰《つぶ》してしまっていると考えてください。教育チャンスはあちこちに落ちています。それを丁寧《ていねい》に拾ってあげればよいのです。

店長は全体を見渡しながらいろいろなことを考えて店舗の業績を向上させようとします。対して店長候補の部下の方々は一部をしっかり深く掘り下げて、店長になったときの「肥《こ》やし」にしているはずです。その役割を果たすための最後のお仕事はしっかり報告することですね。

報告の形は口頭もありますが、文書で行うことが多いはずです。そのことも踏まえて部下から上がってきた報告書はしっかり目を通してあげてください。

正直、ちょっと面倒くさいかもしれません。ここで、私が本部時代に現場経験4年程度の20代後半の社員が私の部下に就いたときの話をしましょう。

私は当時、社内会議や商談への参加、書記役をはじめ、店舗を俯瞰的に見る方法を伝授していました。その中で一番こだわらせたのは自身の日報報告です。何をして何を気づき、明日からどうするのかを書かせました。

当日中に書き上げて私に提出してもらいます。それから、私はワードの変更履歴を使って添削をしていきます。最初は原文がほとんど残らないような状態でしたが1ヶ月ほどしてだいぶよくなりました。その後その部下は店舗に戻り、彼が提出してくる報告書が経営会議で取り上げられ、営業会議で「お手本」として紹介されました。

部下の書類をきっちりと確認することは部下育成につながるのです。

17 できる店長は、教育機会に敏感に、情熱を持って部下に接し書類精度を求める！

18 できる店長は不平等に教育し、ダメ店長は平等に教育する。

義務教育である小中学校は平均よりも少し下のレベルで授業をすると言います。
でも社会はそのような教育はしません。できる人材がさらに成長し、ダメな人材はドンドン淘汰《とうた》されていく宿命にあります。

私の場合は、次の三つの役割をしてくれる人材をつくろうとしていました。

①自分の右腕
②オペレータモデル（行動のお手本）
③客観的な視点を持てる分析が得意

自分一人では賄《まかな》いきれないことを代わりにやってくれることが理想です。

この考え方は全員を平等に教育していては成立しません。それぞれの人材の特徴をつかんで適材適所に配置していく考え方です。

でもダメ店長の典型は「えこひいきをしていると思われたくない」「あのアルバイトは店長の好みだから教えている時間が長い」というような誹謗中傷《ひぼうちゅうしょう》を気にします。

一方、できる店長は人材を大切な商品の　つと考えます。

容姿端麗《ようしたんれい》でかつお客さま受けがよいのであれば、グングン育てます。裏返しで容姿端麗でなくても、一部の固定ファン顧客が存在すればお客さまのニーズ観察をするよう教育します。

また人のモチベーションは上下しやすく、ヤル気のある人材に対して強化期間を設定して鍛《きた》えたりもしますよね。逆に能力は高いのにヤル気が表に出ていない人材は放置したりもします。相談には応じますが、おだて透かしてヤル気にさせるというムダなことは避けましょう。自分の努力で結果を出せるからこそ社会人だからです。

以前、とある県で店長をしていたとき、私にやたら質問してくるアルバイトがいました。どうも店長というのは偉《えら》い人という勘違いをしていたようで妙に取り入ってくるのです。気立てのよさをアピールしたかったのでしょうか。

態度は徐々にエスカレートしていきました。業務中、何かのミスをして社員に叱られると私に泣き寝入りをしてくるのです。

最初は「まぁまぁ」となだめていたのですが、その内、該当社員を名指しして愚痴を言ってくるようになりました。そうなると私も黙ってはいられなくなってきます。

「あなたの言っている人材は私の部下なんだよ。その部下の批判をすることは私は自分が批判されていると思って話を聞いているよ」

と答えるとすぐに退職（バックれ）をしていきました。後から聞こえてきたことですが、退職後に随分店舗のことを悪く言いふらしていたようです。その人をフッと思い出すと、今でも大丈夫なのかなと、ちょっと心配になります。

店長自身が教育するというより、お客さまによって育てていただくスタンスを持てればよいですね。

上位層を伸ばし、下位層の引き上げをするのは新規開店して3～6ヶ月程度のはずです。しっかり選考した上で採用しようとすれば、下位層を採用してしまうことも減るでしょう。

テーマを正確に言えば、**教育という行動結果は不平等でおおいに結構です。**しかし、人物観察が不公平であってもよい、とは言っていません。人を斜めに見たときに組織は崩壊していきます。**「不平等」と「不公平」は似て非なる言葉です。**

18 / できる店長は、個々が持つ才能を磨き上げることこそ教育だと考えている！

19 できる店長は部下のよき理解者であろうとし、ダメ店長はよき指導者であろうとする。

部下やアルバイトを自分の力で自分の足で立てるようにアシストするのが店長の仕事です。注目を集めたいからといって注目を引きつける店長は逆に煙たく思われます。

人の上に立つということは、周囲から認められて「他薦」でなるものです。そうなるための多少の演出は必要かもしれませんが、自分だけで認定することはできません。でも店長という「職位マジック」によって勘違いをしてしまう店長は実は多いものです。

「店長が一番仕事をしているからエライ！」
「店長が一番重い責任を背負わされるからエライ！」

私もこんなことを思い、だから頑張らなきゃという心の支えにしていた時期がありました。

部下は導いてほしいと思っていると勘違いしていました。正直に言うと、私も若い頃はモーレツ社員のはしくれでした。何をしていても仕事のことが気になって、店舗にいることが一番楽しい時期もありました。

なのでいつも疑問や改善案がドンドン出てきます。店長に進言します。何でもかんでもやらせていただきました。失敗も多くしました。この経験が一番大切だと強く思っていたからです。積極的に上司と接し、機会を与えてもらうことが重要でした。

同じように部下のことを考えてしまっていました。質問してこない消極的な部下を叱りつけたこともあります。人事考課ではひどい点数をつけたこともありました。

この部下（Aさん）は私の元を離れ、他店へ異動しすぐに店長へと昇進しました。そしてドンドン業績を向上させて店長会議の発言力も増していきました。

正直、チームをまとめる力もあまりなく、リーダー的な存在ではない人材でした。どうして彼がと思いましたが、さっそくAさんが店長を務める店舗へ見学に行きました。

店舗に到着しお客さまと同じようにコーヒーを飲んでいたとき、びっくりするような光景がありました。Aさんが店舗に現れると、スタッフ全員が笑顔で深々とAさんにお辞儀をしています。形式的なあいさつではないことはすぐにわかりました。

それからフロアで面談がはじまりました。するとAさんはほとんど発言せず適度にメモを取りながら、笑顔でうんうんとうなずいています。するとアルバイトさんの表情もドンドン明るくなって、およそ5分で終了です。立て続けに5～6名との面談を約30分で終了して、Aさんは私に気がついてこちらに来てくれました。軽くあいさつを済ませてAさんは所用で外出。

私はその後も店舗に残ってアルバイトの仕事ぶりを観察していましたが、だらける人は皆無で笑顔で黙々と働いていていました。

帰り間際、私は店長とどんな話をしていたのかアルバイトに質問しました。答えはたった一つでした。

「私が店長に言いたいことを何でも話しました」

Aさんは聞き役になることによって一人一人のアルバイトを理解しようとして、面談後の仕事に活かそうとしていることに気がついたのです。

当初はアルバイトも困惑したかもしれません。「何でも言いたいことを私に話して」と言われても沈黙タイムがあったことでしょう。でも継続していくことで少しずつ心が開かれていったのです。

自分の力で他人の心を開かせるのではなく、**自身で心を開くようにきっかけを与える**のが指導者として認められることなんだと気がつきました。

部下から教わることもホントに多いですよね。

19 できる店長は、人材への理解を深める努力をし、店舗を自発的な環境に仕上げる！

20

できる店長は褒める名人であり、ダメ店長は叱る名人である。

褒めることが苦手という人が意外と多いですね。お世辞と混同してしまっていて、何か裏があるのではと思われることが嫌という人もいます。

何を隠そう、この私も褒めるのも褒められるのも苦手な一人でした。そして子供時代は両親や姉・兄たちにやさしくも厳しく育てられたので「これはやっちゃダメ」「早く○○しなさい」大会の日々でした。

25歳くらいまではその傾向が続きました。周りに対して「そうじゃない、これはこうだ」「何度言えばわかるんだ！」と注意ばかりしていました。

でも、この方法は「もぐらたたき」でしかないことに当時は気づけませんでした。対処療法でボヤを消火させることはできますが、火元を特定して集中的に改善するまでには至りません。

結果はさんざんでした。１２０名ほどいたアルバイトは30名までに減り、お客さまをはじめ、周囲に多大な迷惑を掛けてしまいました。

もちろん注意や指摘、叱る、怒る、罰するは立場としてやるべきことですが、ダメなところばかりを注意しているだけだと人のヤル気は落ちていくものです。昔のスポ根の時代は終わったようです。私はそのほうが慣れているのですが（笑）。

アルバイトによい意味での勘違い「私はできる」と思わせたら店長の勝ちです！スイスイ調子に乗ってくれてドンドン成長してくれます。

このヤル気にさせる方法は「褒める」です。正確に言うと**「褒める8割、叱る2割」**です。

褒めることの前提は「事実をそのまま言う（第16項参照）」です。この方法は本当に「使えます」ので参考になさってください。

たとえば、

「○○さん、今日の髪型はポニーテールだね」

「○○くん、顔色が悪そうだけど、体調大丈夫？」

こんな内容からスタートしてみましょう。それから、

「○○さん、口紅変えた？」

「○○くん、そのスニーカー、新品だね」

というようにちょっとした変化に気がついてほしい項目に注目します。そして、

「○○さん、△△の仕事に相当なこだわりを持ってそうだね。これからも頼むよ」

「○○くん、□□の仕事のお手本になってくれないかな？」

こんな感じで**「結果的に褒めている」**ことのネタを集めます。この三段階で8割くらいの人材が成長しはじめます。

人は評価されたいものです。自分に対してのコメント自体が評価の一部になるのです。できる店長はこのことを心得ています。コミュニケーションの延長上として考えるのも一

つです。
もちろん褒めるだけではダメです。塩梅《あんばい》と言いますか、頃合いと言いますか、褒める・叱るのブレンドが最強の人材をつくります。

店長にとって忙しいのは**部下を観察し続ける**ということです。そもそも店長になれる方は「人が好き」という特徴を持っていますので、あまり苦にはならないでしょう。人材が成長変化していることに喜びを持てるようになります。こうなったらチーム力を倍にする準備が出来上がってきます。同時にいつのまにか売上・利益・生産性が向上しはじめます。

20 できる店長は、人の心のツボは何かを知っている！

第4章

チームビルド・マネジメント編

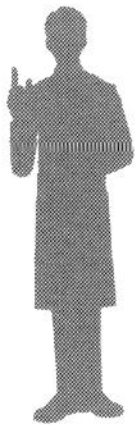

21 できる店長は早く帰る部下を褒め、ダメ店長は部下が先に帰れない雰囲気をつくる。

店長の皆さん、店長職って「孤独な立場だな～」と思っていませんか？

部下は自分のレベルに達していないのでここまでの業務レベルを求められないとか、閉店後最終確認をして帰ろうとしたときに作業のやり残しに気がついて、あっという間に1時間経過とか……。

私のロッテリア時代にあった一コマです。

ハンバーガーには欠かせないバンズ。パンのことです。その日は早番で20時ごろ帰宅しました。ちょっと予想外の売上のよさでしたので不測の事態に備えて晩酌は控えていました。

22：30に閉店。10分ほどでやはり店舗から電話が掛かってきました。現在のバンズの在庫数では明日の納品時刻まで欠品してしまう可能性があるとのこと。「どうするの？」と部下に問い掛けると、無言という返答が……。

チェーン店のメリットを活かして、近隣他店に貸し借りもしくは在庫移動処理をお願いするように指示しました。「その結果報告もしてね」と言ったのですが……。

深夜1時になっても報告がない！

どうした？

車での移動中にまさか事故⁉

さすがに電話を入れました。

すると、その部下も帰宅してすでにご就寝中……。どの店舗も電話がつながらなかったとの報告。「その報告をしろよ！」と私の心が叫んでいました（苦笑）。

夜中にもかかわらず、近隣の先輩店長の携帯を鳴らし、お借りする約束をして事無きを得ました。

「仕事ができないクセに、なんで定時に帰ろうとするんだ！　在庫確認や発注業務、シフト確認など明日の営業の準備はいくらでもあるだろっ！」

仕事の能力が低ければ、多くの時間を割《さ》くのが当然だろうに、と思われている店長の皆さん、**本当は自分が帰りたいのに仕事が終わらないのでいら立っているのではありませんか？**

・店舗で一番忙しい店長が残っているのに、なんで先に帰れるんだ！

・上司のしている仕事を奪ってでも、早く店長になりたいという気概はないのか？

そんなことはただのお節介です。自分が成長してきた過程まで部下に強要することはできません。

そもそも部下たちに「成長したい」と思わせる下地はできているのでしょうか？　こちらのほうが大切です。成長することで何のご褒美《ほうび》をもらえるかは大事な要素です。

そのご褒美を手にするには、この仕事を店長から奪うしかない、と思ったとき初めて自発性が発動します。

基本的にルーティン業務が終了したとき、イレギュラーがなければ業務終了なのです。

残業することが当たり前になっていることこそ、何かのイレギュラーを誘発するケースが非常に多いことを再確認しておきましょう。

・やるべきことをしっかり行って定時終了
・完了報告とともに退勤

この部下の能力は相当高いと言えるでしょう。業務と所要時間のリンクが取れています。しかも、アルバイトのフォローもしてのことでしょう。

繰り返しますが、**ダメ店長の典型は部下が「私も店長になってみたい」と部下に思わせない人です。**もし、そう育てられたのなら今からその悪循環は止めましょう。３～６ヶ月の期間で考えれば、トータルの効率は向上するはずです。

21 できる店長は、時間管理だけでなく成長したいと思わせる環境づくりをする！

22 できる店長は伝わることにこだわり、ダメ店長は伝えることにこだわる。

私も苦い経験があります。終礼でついつい熱くなってしまって、聞いてくれているスタッフが貧血でヨロヨロと座り込んでしまったことがありました。なのに椅子を用意させて座らせ、話を続けたこともありました。本当に申し訳なかったと今でも思い出します。また、朝礼でもあれこれいろいろなことを伝達しなくてはと思って、重要事項を5つも6つも話す店長も少なくないでしょう。

真剣さは十分伝わってきます。でも伝えること、つまり自分が話すことが優先されてしまって、目的である情報の共有や指示事項の芯がブレて伝わっていることはありませんでしたか？　ひどい方だと、訓示をたれている自分に酔っている方も見受けられます。

人前で話すということは店舗を代表していることと同じです。ぜひこのようなことに気をつけてみてください。

・重要項目がたくさんあったとしても多くて二つまでに絞っていますか？
・適度にメモを取れるスピードで話せていますか？
・難しい言葉をやさしい言葉に置き換えていますか？
・伝えたことが伝わっているか、復唱をしてもらったりしたことはありますか？
・伝えた後、スタッフの行動の変化まで観察していますか？

特に最後の項目は言いたいことが「伝わっているか」の確認行為です。絶対に必要なことです。朝礼で指示したことを全員が正しく行えているかはすべてここにかかっています。

そして、観察をしなければ終礼で振り返ることもできません。見ていないのに見ていたようなコメントを言っても内容が大味になって指示を受けた当人たちは正当な評価を受けていないと感じてしまうでしょう。

どんなに話し方が流暢《りゅうちょう》でわかりやすくても、伝わらなければ何の意味もないことを理解していただきたいのです。

話すだけでなく、コメントなどを書くときも同じです。

新入社員の研修期間中に、個人の日報を見て、店長がコメントを書くルールが以前の会社にありました。

はじめは、スペース一杯に細かい字で書き出していました。その方が新入社員のためだと思ったからです。でも、週に一度個人面談をすると、驚くほどに私の書いたコメントが頭に入っていないのです。当初は「そんなことではダメだな」なんてダメ店長ぶりを発揮していました（笑）。

でも、1ヶ月ほど経ったとき、フッと思いました。

「店長のレベルで多くのことを書き過ぎているのかな」

そして一言書きを試してみました。

「○○について、もっとがんばろう！」などの1行だけにしたのです。すると人の評価は面白いもので「手を抜くな」と上司からお叱りをいただいてしまいました。訳を説明すると、「ならば1週間試してよし」とのお答え。

実践して、翌週の面談時に聞いてみました。すると、しっかり頭に入っていてくれました。このときに伝わることの難しさと大切さを知ることができました。新入社員に感謝です。

現在は、研修をさせていただく立場になってつくづく考えさせられています。研修で本当にキツイのは講師ではなく、受講生のほうなのです。

本人にとっての重要な情報は何かを考え、毎日の朝礼や終礼で実践すれば必ず伝えたことの理解度、行動力は向上します。サービス業で学べる一番のこと、それは他人への配慮としての行為の一つになります。

22 できる店長は、自己評価の一環として伝えたことを部下が理解しているか見極める！

23 できる店長は部下を信用せず、ダメ店長は信用しきる。

「なんでこんなやり方をしたんだ！」と言って部下を叱りつけたことはありませんか？
このような部下の失敗は当たり前なのです。できないから店長の部下なのです。

人は裏切るものという性悪説を言いたいのではありません。この現象が起こる原因は上司にあります。最終確認は絶対に店長ご自身で行ってほしいという問い掛けです。
店長自らが確認することで防げる失敗は多くあります。また、現場に出るクセをつけることにもつながります。

ある日、私は店舗の開店には立ち会わずに早朝会議に出席していました。前日は深夜までかかって、新しい機械設備の設置を行っていました。簡単なテスト稼働を行って、異常がなかったので開店を任せることにしたのです。

しかし、開店時刻まもなく私の携帯に店舗から着信が入りました。新しい設備がまったく動かない、という切羽詰まった報告でした。訳を説明して店舗に飛んで戻りました。戻った店舗はまさに修羅場でした。100名以上のお客さまからクレームの嵐です。部下たちはそのお客さまの対応もできないほど慣れない設備に悪戦苦闘していました。原因は開店前に電源を入れ、稼働しはじめたときに不純物が途中で引っ掛かり、動かない状況にしていたのです。後で3センチほどの小さなビスが出てきました。店舗が正常稼働に戻ったのは開店して1時間30分も経ったときでした。すでに十数名のお客さまは怒って退店されていました。

部下に状況を聞きました。前日の深夜、設置業者にテストをさせて、大丈夫ですという口頭報告を受け、そのまま私に報告して、自分たちでは確認しなかったと正直に話してくれました。

そして当日の開店直前までテストせず、電源を入れたままで開店時刻数分前になって異音に気がついたとのことでした。

百歩譲って、設置業者を呼んでクレームを言おうかとも思いましたが、そんなイレギュラーまで対応してほしいとも言い切れません。

やはり、現場での現物確認を怠《おこた》った私の責任でした。加えて、設置業者の方の工事内容を見て、什器や設置道具を雑に扱っていないか、後片づけはしっかりしているかなどの観察を指示しなかった私に問題がありました。

自分が部下の立場なら、ここまで確認するだろうという表現はご法度《はっと》なのです。 たとえ、昔にあなたが部下の立場であって店長と同じ確認をしていたならば、単にあなたが優れた部下であっただけのことなのです。

本部スタッフのときでも似たような経験をしました。合い見積もりを複数のお取引先にお願いするという業務を部下に任せたとき、店長時代のことを思い出しました。そしてプロセスまでしっかり説明しました。その結果、すべてのお取引先にご納得いただいて仕事を発注することができました。

このように、上司として店長は「方針・計画」とともに「進行の仕方」まで具体的に指定して業務を指示すべきです。途中と最後には報告もつきものですね。

部下教育に必要なことは、**まず正しい仕事の仕方を教えることから**です。それが単純作業であっても、ビッグプロジェクトであっても同じことです。その方法が信用できるようになったら、**一部の報告義務を解除してあげればよいのです。**

そのほうが部下も「任せてもらっている」という自信につながることでしょう。

23 できる店長は、部下を信用しきらずプロセスを直接確認する！

24 できる店長はアルバイトに弱さも見せ、ダメ店長は偉さと強さをアピールする。

恥ずかしい部分、笑われそうなことはできれば隠したい、という気持ちは人間にはつきものですが、できる店長には逆にその心理を利用している人もいます。自分の本性をさらけ出すとドン引きされると怖がっている店長はいませんか？

反面、部下やアルバイトの本性を知りたがる店長は多いはずです。理解し合えた方がよい仕事ができると思うからこそですね。

そんなとき、誰から本性を出すか、もちろん店長からです。店長が人として対等に接しようと思うなら自分からです。そう欲しているほうから先にやることが大切です。

でも、「オレは店長で偉いんだからお前らから○○するのが当然だ！」と考えている店長へは何のメッセージの発信もないでしょう。

できる店長は部下やアルバイトを人として尊重します。つまり店長とは役割であって人の偉い偉くないの価値基準ではないと思っています。**偉いとか強いとかは他人が評価することであって、自己評価は何の意味もないとわかっています。**

「オレはここまでがんばってるんだから、お前らもっとオレを尊敬しろ！」という子供じみた店長は当時の私ぐらいです（笑）。

また、自分と部下との距離感が縮まったことによって仕事が「なぁなぁ」になることも不思議とありません。当初は馴れ馴れしかったり、公私の区別がつかなくなる部下もいます。ただ、一般的には部下は年下で、店長であるあなたよりも人生経験が少ないからそのような言動をするだけのことです。それはそれで、優しく問い掛ける、もしくはリーダー格が諭《さと》せばすぐになくなります。

そして、相手は自分をさらけ出し、信用してもらおうとしますが、自分と同じ尺度でその行為をやっていると錯覚しないようにすることも大切です。

他人と完全一致することはありません。でも相手を知ろうとしているというアピールこそが大切なのです。

別な角度でお話すると、完全主義で誰も「この人には敵《かな》わない」と思わせてしまうメリットはそんなにない、ということです。そもそも仲間なのにそんなに突っ張っても意味がありません。

それならば、自分の下手なところやまだまだ不完全であることを正直に部下やアルバイトに話すくらいの方が、親近感を持って接してくれることでしょう。

このような傾向は、責任感が強い店長ほど見受けられます。責任を果たす内容をちょっと工夫してみてください。

店長の任務は大きく分けて二つあると私は考えています。

1. 店舗の業績を向上させる。

2. 部下を成長させ、自身を超える人材にする。

この二つを目的にしたときに、自分の虚栄心を満たすだけの言動はなんてちっぽけなことなんだろう、と思っていただけると思います。

極端に言えば、「目的の達成のためなら自分の恥ずかしい所なんて包み隠さずにみんなに話してしまう」くらいの本当の貪欲《どんよく》さを、店長であれば持っていてほしいのです。

目的達成に強い誇りと自信を持っていきましょう！

24 できる店長は、私心にはこだわらず、目的のためならば自身などいたわらない！

25 できる店長は人望でアルバイトリーダーを決め、ダメ店長は能力で決める。

人望はその人が持っている才能で天性とも言えます。努力でどうにかなる部分もありますが、普段の言動通りで人がついてくるのですからこれには勝てません。反対に店舗の業務能力はどんな方法であっても伸ばせます。

いったい人望の厚い人とはどのような人でしょうか。いろいろあると思います。

・人のために役立つことを喜びとする
・周囲で困っていることを敏感に察知して、黙々と善処する
・人が嫌がることを率先して行う
・謙虚で素直に指摘を受け止める（ことがすぐにわかる）
・常に笑顔を忘れない

Ａ：右のことはほぼ満点。でも店舗業務の能力は低い
Ｂ：右のことはできていないが、店舗業務能力は店長をしのぐほど

極端ですが、店長としてあなたはＡ・Ｂどちらの人材をアルバイトリーダーとして育成しますか？　私なら迷わずＡの人材です。

また、次のような方法でも判断できます。

Ａ・Ｂ双方がリーダー候補生であることを二人の前で正式に告げます。各々の特徴も伝えます。理想は双方のよい所取りであることも伝えます。そして１ヶ月程度与えて、その後に選挙をするとしましょう。

Ａさんは一生懸命、業務の習得に励むことでしょう。逆にＢさんは選挙権を持っている人とのコミュニケーションを密に取るかもしれません。

過去、このような事実を実施したことがありました。

結果は？

そうです。Aさんの圧勝でした。直後にBさんはもっと時給の高いアルバイト先が見つかったと周囲に言いふらして退職していきました。

店長としてはBさんの退職は、店舗にとって戦力ダウンでしたので痛手でした。しかし、ある程度予測していましたし、これからの店舗のことを考えると有益であると判断しました。前任の店長からは「どうして辞めたの？」と問われましたが、適当にあしらっておきました（笑）。

要は、小器用でズル賢い人材よりも、不器用だけど着実に成長しようとしている人材を優先しました。

その後2ヶ月ほどは私も完全にワーカーになってアルバイトと一緒に汗をかきました。片番の8時間はフルにオペレーションをして、その後に店長業務を行いました。その間、アルバイト採用に時間を多く割き、面接数に対しての**採用数（採用率）が8％と社員並みの厳選採用を貫きました。**

新リーダーへの後方支援です。耐性が強く、素直そうな人材を集めました。初期教育中、シフトラインが不足するのでその間もワーカーです。たぶんオペレーションだけで、３００時間／月を超えていたと思います。

こんな苦労をしてでも、店舗の抜本的な改革を実施したのには意味がありました。３ヶ月先に来る最大の繁忙期、正月商戦に備えるためです。着手はお盆明けの８月下旬でした。約５ヶ月先を見越しての断行です。

当時、店長間ではこのやり方について賛否両論がありました。リスクが高すぎる、売上の谷間の時期こそリピート施策をすべきだ、一時的に派遣スタッフを採用してしのぐべきだ、などなどです。会議の議題になったほどです。

しかし、私はアルバイトリーダーには、その下のアルバイトが望む方向で決めさせようと思っていました。一時はきつくても、**人材の貴重な経験や成長はお金では買えない**ものであると考えたからです。

25 できる店長は、チームのためになる思い切った英断ができる！

26 できる店長はコミュニケーションの量を見て、ダメ店長は質を問う。

簡単な比較をしてみましょう。
相手はアルバイトとしてみます。

量重視／月20日　1日当たり5分　雑談　月計100分
質重視／月2日　1日当たり60分　面談　月計120分

質重視のほうが20分ほど長い例です。あなたはどちらを重視しますか？　私は間違いなく量重視です。一言で「量」といっても、この場合は「頻度」という意味も含まれます。
もちろん、量と質の両方を兼ね備えれば鬼に金棒なのですが、店長は忙しい職位ですからそんなに時間を割ききれません。

私は「人は日々変化する」という考えを基本としています。加えて、アルバイトが10名いたとしたら、月間で1200分（20時間）はかなりの負担になって、中身よりも継続させることが目的になってしまいそうです。

でも、意外と普段、アルバイトと会話をする店長さんが少ないことに気がつきました。そうなんです、店長さんの休憩室って事務所のことが多くないですか？ 社員の方はすんなり事務所を出入りするでしょうが、アルバイトにとっての事務所はかつての学校の職員室のような雰囲気を持っているものです。

緊張しながら職員室に入り、「○○先生いらっしゃいますか？」とか言っているときは素の自分をあえて出さないようにしていたはずです。面談も同じ意味を持っていると思うのです。

このように、私の量重視には、一つ目に「量」、二つ目に「頻度」、そして三つ目に「素の状態を見る」という、まずは3本立ての目的が隠されています。

素の状態とは、どの従業員と仲がよいのか、どんな会話をしているのか、スマホばかり見て会話をほとんどしないのか、などなどです。

会話の内容について行けないことで「店長、古〜い！」

ちょっと勉強したりして「店長、私たちの会話に入ってこようとしてる、ヤバいよね〜」

でも継続してみると意外と会話が弾むようになったり……。

こんな会話のやりとりを私は大切にしてきました。いないときに笑われたり、悪口を叩かれたりは、はっきり言って「コミュニケーションOK」の状態だと解釈しています。話題にも上らない方がよっぽど悪い状態ではないでしょうか。能ある鷹《たか》は爪を隠すくらいでちょうどよいのです。

このようなやり取りをしながら、少しずつマジメな話をしはじめます。もちろん食いつきはよくないことのほうが多いでしょう。しかし、これも「量」。必ず変化してきます。

モラルハラスメントはこの真逆を行く場合です。当事者は店長に隠そうとします。月2回の面談だけではなかなかこのような見えない問題を発見することは難しいでしょう。

さらに、量重視には4つ目の目的があります。それは**人間関係、派閥構成などの「異状発見」なのです。**どんなに忙しくても、軽く後ろ指を刺されようとも、毎日20分はこれに費《つい》やしました。

問題や課題が出たときに、全員に周知させながら解決するか、当事者だけで穏便《おんびん》に済ませるかは店長の選択と裁量次第ですが、ボヤが大火事になる前に食い止めることこそが大切ですよね。

もしも感受性の強い部下をお持ちであれば、このような微妙な変化も機敏にとらえて報告をしてくれるでしょうが、自分の眼で確かめることが一番です。

人同士にはもちろん好き嫌いがあります。そこを隠してチームとして働くことも当然あります。そして人間は感情の生き物です。このような問題はかなり高い確率で起こります。100%と言ってもよいのではないでしょうか。

放置を続けると、シフト回数の減少の他、気づいたときにはアルバイトの大量退職なんて、店舗にとって一気に死活問題になる場合が出たりします。そのようなこと、つまり5つ目の意味、「危機管理」の視点でもあります。

26 できる店長は、アルバイトとのコミュニケーションからいろいろなことを引き出している！

第5章

店舗を整える 編

27 できる店長はクレンリネス（清潔さ）にこだわり、ダメ店長はクリンネス（清掃）にこだわる。

クレンリネスとは、清潔な状態を表す言葉で、飲食業であれば食品衛生にも範囲が広がります。状態の維持ということは、全員が常に意識を持って清潔な状態を維持しようという意志が含まれています。

一方、クリンネスとは清掃をする行為自体の言葉です。引用したイメージは「またここが汚れている。片づいていない。何とかしろ！」という場当たり的な指摘しかしない店長です。

そのときだけの状況改善はとても危険です。逆にこのことに気づけたら店舗の状態は一気に向上します。

以前、フロアは清潔感がありますが、休憩室や倉庫などのバックヤードはとんでもない店舗がありました。

お客さまとして来店した店舗でフロアからバックヤードへ入る扉が開いたとき、バックヤードの床がとんでもなく汚れているのを目撃したという経験はありませんか？ また事務所は壁一面の貼り紙、乱雑な机の上……。一瞬で観察できてしまうことですよね。

理由はカンタンでしょう。そのお店の店長は客席のクリンネスはこだわっていて、バックヤードはみずから率先して汚しているのでしょう（笑）。これでは「全員が常に意識を持って清潔な状態を維持しようという意志」は育ちませんよね。

店長自身の観察視野は３６０度には決してなりません。多くの眼があり、共有できることで３６０度視野になります。また、店長は自分を律することが求められます。

以前の私は「書類を捨てられない」症候群でした（笑）。手帳やノートはもちろん捨てられず、会議資料、参考資料、テキスト類などなど……。シュレッダーは敵でした……。なるべく事務所の整頓をしようとはしましたが、スペースには限界があります。するとダンボールに書類の束を入れて、マジックで大きく何が入っているかを書きます。そのダンボールは書庫の上に置いていました。二度と開封することなく、異動時にシュレッダー大会です。

つまり、クレンリネスの実践をするには「整理＝不要な物を捨てること」からはじまります。私の場合は5S管理とからめてお手伝いすることにしています。5Sとは、整理・整頓・清掃・清潔・躾《しつけ》のことです。「クレンリネス≒清潔」になりますので、

①不要な物は「定期的に」捨て、
②決められた位置に収納し、
③清掃を継続的に行い、
④店舗全体の清潔感を維持することで、
⑤習慣化、伝統化されていく。

と、こんな具合です。つまり、この項目のできる店長とダメ店長の違いは③と④の違いなのです。もしくは①②をせずに③の一部だけやらせているということも言えます。ほんのちょっとした違いであることをご理解ください。

とはいえ、このちょっとした違いを改善するには１～３ヶ月を要します。店舗の規模が大きければより大変です。

そんなときは、店長のみが裁量権を持つ「捨てる」を実践し続けてください。スペースが空くことで汚れている箇所が見つかると、ご自身も含めて自然発生的に清掃タイムがはじまるはずです。

人間誰しも、汚いよりはきれいな環境を好みます。ただ、面倒くさいとか、清掃をする時間が取れないという言い訳をしつつ、**汚い環境に我慢しているだけ**なのです。

「バックヤードは店舗（状態）の鏡」という表現もあります。クレンリネスが行き届いていると、業務効率もかなりアップするので、ぜひ「今から」行動に移してみてください。

27 できる店長は、業務効率・人材育成の一石二鳥策としてクレンリネスを重視する！

28 できる店長は清掃用具の管理が悪いと叱り、ダメ店長は汚れに気づかないことを叱る。

汚れに気づけるか、そもそも気づきが生まれやすくするには、「環境整備」からはじめないといけません。

この環境整備という言葉は非常に範囲も広く、思慮も深いので今回は清掃の部分についてお話していきます。

でも、このダメ店長とくくった方々の共通点は「現象にだけ目が行く」ということです。つまり「事象や現象を通じて『本質』を見極めようとする力がちょっと欠けている人」ということになります。

この本質を見極めるには多くの時間と深い思考が必要になります。そうです！　店長でしかできない仕事です。「店『長』」なのですから……。

「なぜ、アルバイトたちは汚れている所をスルーするのだろうか?」
「気づけないのか、気づいていないフリをしているのか?」
「面倒くさいのか? 常にシフトをカツカツにしているからできないのか? 清掃できない理由をつくっているのか?」

このように、いろいろ考えてみる必要があります。もちろんヒアリングして気づいているのに、気づいていないふりをしたりウソをつくアルバイトもいますから、真実の発見は大変です。

こんなときの実験の一つに**「清掃用具をピカピカにしてみる」**方法があります。

モップの糸が半分くらいにスカスカになっても使っている店舗をしばしば見掛けます。また、清掃用具の保管ルールが具体的ではなく、バケツの中にモップが入りっぱなしなんてことも。まずは用具の見直しからです。「環境整備」のスタートですね。

・ほうきにホコリがつきまくっていませんか？　また先がめくれ上がっていませんか？
・ちりとりの中は常に空ですか？　ゴミが残っていませんか？　そもそもきれいですか？
・モップは壁に掛けるようになっていますか？　濡れっ放しは細菌が繁殖します。
・バケツの中に水が入りっぱなしではありませんか？
・ダスター（ぞうきん）はボロボロではありませんか？

などなど、結構チェックポイントは多いですね。

私は小中学校時代、野球に学生生活を捧《ささ》げました。そのとき先輩から「グローブやバットの手入れができない奴は絶対にうまくならない」と教わりました。イチローの用具に対するこだわりは有名ですね。

店舗の汚れに気づいてほしいなら、きれいな状態で維持したいならば、まずは用具にこだわることです。消耗品はケチケチせず、しっかり購入してください。私はこのような項目を「絶対必要経費」と言っています。

そして**汚れていることを叱る前に、用具の整頓ができていないことを叱ります。**すると、しっかり手入れをしてくれるようになります。もうおわかりですね。用具の準備は数秒になり、「サッと」清掃ができるようになってきます。

こうなったら、もう一度考えを掘り下げます。そして、見て見ぬフリが原因であれば、モラルに関する教育をしていくことで改善できていくと思います。このように問題の芯の部分を的確にとらえて、問題や課題を克服していくことこそ、私は「マネジメント」と呼んでいます。

これは努力によって誰でもできます。新人店長だとかまったく関係ありません。「チャレンジ」と「トライ&エラー」で、「できる店長」へと進化していきます。

28 できる店長は、現象から本質を導き出し、真の改善プログラムを立案・実行できる！

29

できる店長はメンテナンスを保全と考え、ダメ店長は修理と考える。

実は、「メンテナンス＝保全（保守・予防・点検）」と「クレンリネス＝清潔感の維持」の二つの言葉は密接な関係にあります。

メンテナンスは「店舗の状態を診断する行為」と覚えてください。必ず役に立ちます。でも実際にメンテナンスをする時間は、人件費の予算上割かれていないことが多いはずです。大切なことだとはわかっていても、後回しになってしまうことが多く、意外と実践できていない内容です。

設備や機材、什器を壊れてから直すという店舗は多いのではないでしょうか。壊れて動かなくなったのを修理して動くようにしたときに、ヒーロー的な存在になり喜んでいる店長はいませんか？

実は恥ずかしいことなんです……。もちろん私もその一人でした……。

店舗設備の診断方法をここでお伝えしていきます。ほんのちょっとしたことで本当に変わりますのでオススメです。

・クリンネス（清掃）＋異常チェック

これだけです。

飲食店などの場合は、製氷機や冷凍・冷蔵庫など「異音」「異臭」「振動」というエラーサインを見逃さないように教育することです。「拭き上げながら、変な音や臭《にお》い、いつもと感じの違う振動とかあったらすぐに社員に知らせてね」の一言です。

アパレルなどであれば、ハンガーラックのガタツキはビスが緩んでいるせいですね。拭《ふ》けば必ず発見できます。営業中に分解されて衣服が床に落下……。なんてことも防げます。ドライバー1本を持ってクリンネス。知恵が働いて進化していますね。小さなことかもしれませんが、この成長を放っておく手はありません。

なので、

・すぐに対応

・発見者への感謝を全員の前で

この二つです。

設備や什器が壊れると従業員全員に悪影響が出ます。**水際で救ってくれたことへの感謝を表しましょう。**

たったこれだけです。あとは実践の中で、気づけずに壊れてしまった物に対して検証をしていくことで、誰もが嫌がる「イレギュラー」はドンドン減っていきます。

過去の経験では、アイドルタイムの活用とクレンリネスの実践、壊れた理由の検証の三つによって70％くらいは未然に防止でき、修理するサイクルを遅らせることができます。この数字はかなり「劇的」の部類に入ります。

残念ながら、「物は大切に扱う」という教育は廃《すた》れはじめているのが現状かもしれません。しかし、先人の方々は物資が不足していたからという理由以外で、すべての経験を子供たちにさせることで「実践教育」をしてくれたんだと思えるようになりました。

日本製は品質世界一も多くあります。壊れにくくなっているのはもちろんですが、**機械はやがて必ず壊れます。**また便利さを追求してくれる物でもありますね。でも慣れれば便利さは当たり前に変化します。

この当たり前の考え方に至ってしまうことにちょっぴり危険性を感じていただければ店長にとっては売上や利益の計画管理の精度が、アルバイトにとっては働きやすい職場環境を提供してくれることでしょう。

29 できる店長は、メンテナンスを通じて実践教育をしている！

30 できる店長はピークタイムに店舗におらず、ダメ店長は店舗事務所にいる。

ちょっと（かなり）サボリ癖のあった私は、ピークタイムになると事務所で休憩していた恥ずかしい過去があります。でも、何かイレギュラーがあったときのことを考えて、外に出るまでの運営力は持っていませんでした。

このように、ダメ店長の典型は、オペレーションに参加するのが面倒くさく、でも離れると不安ですし、部下から何を言われるかわかったもんでもないので、事務所で小さくなっている人です。すぐにそんな自分とサヨナラしましょう。

反面、できる店長はピークタイムに同業他店の観察に行きます。言わずと知れたピークタイムは店舗にとって一番の稼ぎ時です。同業であればピークタイムは同時間帯ですから、競合店の視察には必ず行くべきです。

また、休日を利用して行かれる方もいますが、業務中か休みかの心理の違いで観察する範囲、深さが変わったりする場合がありますから、業務中が最適です。

できる店長は、仕事の日に、部下たちにオペレーションを任せきって視察に出掛けています。数秒を争うほどのイレギュラーを除けばすべて対応できるという部下に対する自信と信頼を寄せている証拠です。言い換えれば、業績はドンドン右肩上がり状態であるでしょう。

今回のダメ店長のダメなところはもう一つあります。そうです、部下やアルバイトたちのピークタイムにおける諸準備、ピーク中の業務効率、後片づけなどの「観察」も怠《おこた》っていることになります。加えて、お客さまの現場での動向（同伴人数・客席回転率など）も見ていないことになります。これでは店舗がよい方向にいくはずがありません。

たぶん、アイドルタイム（お客さまの少ない時間帯）では要員を設定できる売上がなく、人件費率の高騰を避けるために店長自身がアルバイトと同じ業務レベルの仕事をしている可能性があります。そしてピークになれば要員が増えるのでワンポストに入る必要がなくなり、休憩をするのでしょう。これでは何のために要員を増やしてピーク対応をしているのかわからなくなりますね。

そして、業務能力が低い新人アルバイトにしてみれば、ピークタイムははっきり言って「恐怖」です。業務の難易度を考えずに一人としてカウントしたら、ミスを誘発するきっかけにもなってしまいます。周りからのフォローも手薄になり、「退職したいんです……」という店舗にとっての不幸がやってくることになります。何としてでも避けなければなりません。

こんなとき、今の私から店長へは「アイドルタイムに一人割けるまで耐えるしかありません」と申し上げるだけです。売上アップによって実現することでしか、この店長の、この店舗の幸せはありません。

ときに数字は非情です。人件費率は「率」ですから、分母の数字である「売上」もしくは「粗利益」の数字を上げるしかありません。店長、踏ん張りどころです！　数字アップ、業績向上に玉手箱はありません。店長ご自身で、店長としての能力を向上させるしかありません。

でも、このように精神論ばかり言っても意味がありませんので、ちょっとした工夫が必要です。ご参考になさってください。

「ピークタイムの要員数を1名減らし、店長自らワンポストに入るシフト組みをする」

あえて、トライしてみてください。**逆転の発想はとっても大切**です。そして、アイドルタイムに30分、いえ15分でも構いませんから、アルバイトを登用して、店長はしっかり休憩を取ってください。予想よりも意外とうまくいくと思います。

それでも、「いやいや、私はアイドル・ピークに関係なくずっとワンポストに入ってオペレーションをしているよ！」という店長の方もいらっしゃると思います。そんな方にオススメなのは、フロアに出てクレンリネスをしながら、常連のお客さまなどと会話をするようにしてみてください。これだけでもかなり精神的な休憩が取れます。

このようにいろいろな工夫とお試しをしてみて、ご自身の休憩方法を模索してみてください。店舗や店長の成長は「コツコツ、ユックリ、確実に」です。

30

できる店長は、店舗の運営力を高めるために自分のエネルギー管理を効率的に行う！

31 できる店長はアイドルタイムこそ多くの指示を出し、ダメ店長はまず自分から休憩する。

皆さんはアイドルタイム（＝お客さまの少ない時間帯）の重要性をどこまで考えたことがあるでしょうか。

一般的には優先順位として、①休憩回し、②ピーク前後の準備と片づけ、③発注などの業務、④その他のデスクワーク、といった感じでしょうか。

でも、ここで次の時間帯を意識した店長としての立ち回りを考えてみましょう。厳密に言えば、店長が先に休憩するのはおかしいことではありません。ピーク時間が長くなる繁忙日では一気に突っ走るために、最初に取っておくのも逆によい考えだと思います。

この場合は「お客さまが少なくなった＝休憩」と決めつけてしまっている店長に対して「本当にそれでいいのですか？」というアラームを鳴らしています。

何を言いたいのかというと、アイドルタイムであってもピークタイムであっても「仕事量」を変えてほしくない、ということなのです。

ピークタイムの仕事量のメインは接客、製造、陳列などお客さま寄りの内容です。それに対してアイドルタイムは、次の時間帯の準備、クレンリネス、補充作業、販促行為、売上額の確認、明日の同時間帯の売上予測となかなかのボリュームです。

では、なぜ仕事量を一定にする工夫が必要なのでしょうか。

お客さまが0名の店舗でよく見掛ける光景です。従業員同士でおしゃべり、超リラックスモード。でも店舗の中を見回してみると、お客さまの手垢《てあか》などの汚れや床のゴミがチラホラと……。管理者らしき人はもちろんいません。

お客さまの数に対して仕事量を増減させている典型例です。この時間帯の労働生産性はほぼ0と言っていいでしょう。これではこの店舗の将来が不安になります。

そして、お客さまがご来店されると、ビックリしたように配置につく有り様。お客さまはお化け屋敷の幽霊なのか、と言いたくなります。

納期が決まっている発注などの業務でバックヤードに下がることを否定しているのではありません。座れるだけで十分休憩の意味を成すときもありますよね。

要は、生産性の維持のために**「決められた業務に人員を割り当て、生産性を全時間帯均一にするための努力」をしてほしい**ということです。生産性にムラがあると、従業員は疲れてしまい、「ピークタイムに要員が確保できない」という不具合が発生しかねません。

アイドルタイムの仕事探しで有効なのは、店長の上司やテナントの管理会社などからの指摘です。「ここを補修する必要がありますね」「遠くから見てると、そこのドアノブ周りの黒ずみが気になるよね」といった内容ですね。すると「クレンリネスチェックで腰の高さまで目線を下げて観察してみよう」というような工夫が生まれます。

また、店長として、アイドルタイムでの部下への接客教育は、「集中して作業をするのはＯＫ。でも10秒に一度は店頭を見て、お客さまがいらっしゃらないかを確認すること」

になります。ご自身が顧客としてどこかの店舗に来店した際、従業員が熱心に作業をしていて、自分の存在に気がついてくれなかったという経験は一度はされたことでしょう。

アイドルタイムの業務精度が上がってくると、業務の一つに「ピーク前準備」があるはずなので、ピークタイムでのイレギュラー＝売上ロスが減少してきます。つまり、売上ロスとは、リピート顧客を減らしてしまうなど、ボディーブローのように売上に響いてきます。「あの店、よいんだけどいつもバタバタしていて、時間が掛かるから暇なときじゃないと行けないよね」なんてレッテルを貼られてしまったら、とんでもないことになります。

店舗は日々変化します。店長はその変化への対応を考えて、部下やアルバイトに指示を出してから、休憩するという習慣をつけてみてください。通常の業務で大丈夫だな、と思われたらどうぞ休憩に行ってください。

31 できる店長は、仕事量を基準にして労働生産性の均一化を組み立てる！

第6章

対本部・本社との
コミュニケーション 編

32 できる店長は部下の失敗はシステムやルールの問題と考え、ダメ店長は人間性に問題があると考える。

何かのエラーや失敗が起こるときは大抵人がらみですね。これはいろいろな場面で起こる現象です。


「○○くん、ちょっと」

「はい、何でしょうか」

「3日前に指示した△△の件はどうなってる？」

「あっ！　すみません、今からやります！」

「何!?　指示した納期はもう過ぎているじゃないか！　それじゃ困るんだよ、今ほしいんだよ！」

「申し訳ございません……」

たとえは何にせよ、皆さん一度はこのような光景を目にしたことがあるはずです。こんなときは大抵、「あいつ、ヤル気や責任感がないのか忘れっぽいのかわからんが、もうあいつには頼めんな」ということになりませんか？

本当にそうでしょうか？ **本当にこの部下さんが100%悪いのでしょうか。** 責任の所在を部下や他人に押しつけることは、一番簡単だし楽ですよね。でもこれは店舗運営に関係なく、組織を成長させることと真逆のことをこの上司はしています。

かつて、このような経験をしたことがあります。ロッテリアの店長時代に私が早番で部下が遅番の日でした。閉店作業も終了し、最後に分電盤で各電源をOFFにしていたとき、誤って冷凍庫と製氷機の電源を落としてしまいました。翌朝、私が早番のため出勤して、まず分電盤の扉を開けて各電源をONにしようとしたところ、妙な違和感を覚えました。習慣になっていたので半分手探りでも大丈夫だったのですが、見事にその二つの什器の電源が落ちていきます。サーッと血の気が引いていきました。

緊急事態発生です。ダッシュで厨房内に入り在庫を確認したところ、冷凍・冷蔵品は、ほぼ全滅でした。引いた血の気はごうごうと音を立てて頭に上り、当事者である部下とその日は公休のアルバイトリーダーを急きょ招集して原材料の調達に走らせました。

何とか通常便で配送されるまでの確保ができて、一段落したときに、私は部下を事務所で怒鳴りつけてしまいました。

「ハンバーガーを売っている店で、ビーフパティが溶けてしまったので今は販売できませんなんて言い訳が、お客さまに通用すると思ってんのか‼」

「どうして、もう一度確認しなかったんだ‼」

部下は黙って下を向くしかありません。「もういい！　このまま早番に入れ！　オレが遅番に替わる」と何とずさんな教育でしょうか。今になると顔から火が出るほど恥ずかしい場面でした。

皆さんはもうおわかりですね。分電盤には手動でＯＮ・ＯＦＦをさせないようにスイッチを固定するキャップがありますよね。この仕組みを導入していれば、このようなことにはならなかったのです。また、分電盤の操作をする部屋の照明は最後に消す、近くに懐中電灯を用意する、といったルールを設定していればよかったのです。

人のせいにするのはカンタンですが、システムや仕組みの改善、ルール改正は時間が掛かるとともに、一つ一つの確認や精度も求められるのでとっても大変です。**でも、このことにチャレンジをしていかないと店舗の運営力は上がりませんし、組織は成長しません。**

ヒューマンエラー対策、危機管理対策は店舗経営スタイルの事業よりも、航空運輸、食品産業などの方が飛び抜けて進んでいます。その後私は、私費でいくつものセミナーや研修に臨みました。そしてようやく理解をし、真剣にその部下に謝りました。

このように、他人のせいにすることは後回しにして自身の店舗運営力を振り返る方が先でしょう。とは言ってもマニュアルやルール、仕組みをつくることだけが店長の仕事ではありません。もしもあなたの会社に本部機能があるならば、ぜひ一緒に解決をしてほしいと、依頼してみてください。他店にも同様のリスクとともに意味がある内容でしたら、改善プロジェクトが発足することでしょう。その発起人であるあなたはそのメンバーに起用されるかもしれません。このような経験は非常に有益です。

32 できる店長は、常に自責思考で、部下を不幸にさせないために改善活動を怠らない！

33 できる店長は出世にはプロセスの評価も含んでいると考え、ダメ店長は数字しか見ていないと考える。

ダメ店長はどこかに被害者意識があるようです。自分のよさを周囲は理解してくれないと嘆《なげ》きます。

しかし、周囲の人はなんだかんだで店長であるあなたを見ています。見てくれています。だってあなたは店長だからです。店長は店舗の花形です！

一昔前の教育方法かもしれませんが、昔の上司が私に愚痴《ぐち》ってくれたことを今でも思い出します。

私が全社の販売促進担当であったとき、とあるブロック長が「最近、（営業）部長が自分を相手にしてくれない。会議ではボロクソに言うだけで何のフォローもない」とこぼしていました。

でもその後、営業部長が私のところへ来て「あいつ（ブロック長）、なんか言ってたか？」

と私に問い掛けました。そして「今、突き放してる最中なんだよ。お前ならわかるだろ？一人で考えさせたいんだ」と。

部長はブロック長の成長する過程を見たがっていたのです。店長を卒業したブロック長であってもこのような試練があります。つまり、自身では察知できなくても周囲の最低一人は店長であるあなたを見てくれていることを申し上げたいのです。

店長は孤独な職位であると書きましたが、半分正解、半分不正解が本当の正解です。小規模の企業であれば将来は社長の右腕に、組織の大きい企業であれば店舗の管理職から会社の管理職への昇進という道があります。ビジネスマンとして一般的な会社のように近くに直属の上司がいないという面が違うだけです。

このように会社というくくりで考えただけでも店長とは「将来の幹部候補生」であることに間違いはありません。

なので、業績を向上させた経験、数字をコントロールした体験がなければ人格としてどんなに優れていても昇進は見送られるでしょう。繰り返しますが、店長であるあなたは間違いなくいろいろな人から見られています。プロセスをしっかり観察されています。

一方で、数字ばかりを考えてしまい店舗の運営力向上をまったくしていなかったり、異動後の店舗業績が著しく低下してしまうばかりであれば、「自分のことはうまくできるが部下を使いこなせていない」という評価を受けてしまいます。幹部とは部下を使いこなし、業績を向上させ続けるためにいるのです。部下育成ができなければ幹部への道はありません。

数字は様々なプロセスの組み立てによって結果となって反映されます。外部環境のちょっとした変化でも5~10%くらいは一時的に売上が上がったりします。ラッキーパンチはあるものです。

しかし、継続して1年、2年、3年と向上し続けるのはこれだけでは通用しません。

以前、店長に昇進するための面接試験を受けたときのお話です。「直近2ヶ月間の売上が好調に推移しているが、理由は?」との質問を受けました。私は運営力を強化するための内部固めを行ったと返答した上で、**「しかし、競合店の運営力が一気に下がり、勝手にコケてくれました」**と自分で言って自分で笑ってしまいました。すると、重役の方々もつられるように大笑い。「植竹くんは正直だね〜。君の上司からもまったく同じ報告を受けていたよ」とのことでした。

結果は無事に合格。未知数な所は多いが、あいつは面白そうだという評定だったそうです。

私の例は内部固めというプロセスと業績が上向き傾向であったこと、そして何となく何をすべきかわかっていそうだと思われたのでしょう。しかし、まだまだ足りない能力もあるということで同じ店舗で店長に昇進しました。それからの約1年間は自分でも店長として一番成長させてもらえたと思うほど充実感がありました。

当たり前のことですが、真摯《しんし》に事実を受け止めて努力して、お客さまに、店舗に、部下たちに向き合うことで、結果としての数値が出てきます。それが真っ当かどうかは、関係者ではないお客さまでも肌で感じてわかることなのだと私は思います。

33 できる店長は、見せかけの数字には眼もくれず、店舗の継続繁栄の方法を模索し続ける！

34

できる店長は本部を自分の知恵袋として活用し、ダメ店長は本部そのものを嫌う。

「本部のあいつらは店舗のことをまったくわかってない！」と愚痴《ぐち》るのはちょっと待ってください。それなりの理由があるのです。

店長はお客さまや部下を見ます。でも本部は全店舗のことや取引先を見ています。広い意味では取引先もお客さまです。見ている対象が役割によって異なっているのです。であれば100％のシンクロはプロセスではありえずに、目的に向かっての100％シンクロがあるのが正解なのです。

一部では、本部スタッフの指針の一つである「店舗を間接的にフォローする」という言葉を自己解釈して担当分野だけの掘り下げを行い、店舗の現状とリンクしているかの確認を怠る人もいます。たとえば、「今日中に○○を調査してメールで報告してください」というような業務依頼メールが受信されると、「月末のこの忙しいときに……」と思われた

 こともあるでしょう。私もそうでしたがそういうことが気に入らないはずです。

でも、ここでちょっと考えてみましょう。今ある店舗のルールやフォローの仕組みは誰でもなく本部のスタッフがあれこれ考えてつくり、店舗へ説明し、不具合を調整して今のルーティンが成立しています。これによって当時1時間掛けて行っていた業務が1分でできるようになったなんてことも多くあるはずです。

つまり店舗・店長にとっての本部は「後方支援部隊」なのです。直接的に売上増をしてくれる人たちではありません。それをするのは店長である「あなた」です！

本部スタッフは舞台でたとえれば「黒子」です。スポットライトを浴びるチャンスはほとんどない、と言っても言い過ぎではないでしょう。

でも黒子と言えど、特化した分野では専門家がそろっています。店長の代わりにいろいろ勉強もされています。なのでこの知恵袋を店舗として、店長として活用しない手はありません。店長は舞台では「主役」ですよね。稼ぎ頭だからです。その主役が照明さん、音響さんなどを嫌ったら「会社」という公演は成功するはずがありません。

「管理者は演技者であれ」

昔に受けた合宿研修で教えられた言葉です。現在でも骨身に沁《し》みてそう思います。公演を成功させるには、ときに細かい部分にとらわれるのではなく、運営がスムーズに行えるかのアシストをするのも主役の仕事の一つではないでしょうか。性格の悪い大女優のように、「この公演は私がいるから成立しているのよ！」なんてことはあり得ませんよね。

ちょっとイライラさせる言動があったとしても、そこはご愛嬌《あいきょう》。苦笑しながらアシスト部隊へ支援の手を差し伸べてあげてください。そのくらいの方が店舗として、店長として欲する情報やいろいろなことを教えてくれたり、フォローしてもらえます。まさに本部とは店舗の、店長の「知恵袋」なのです。

本社会議のあとに、営業本部に立ち寄り専門担当の社員の方とラウンジでコーヒーを飲みながら雑談をしているような店長はとっても情報通です。またそこで得た情報を仲のよい店長へメールで教えてくれたりします。そして、先手を打って売上攻勢に出るタイミングが絶妙だったりもします。

真剣に話に耳を傾けながら、有益な情報を得る。そしてときに本部スタッフにこっそりフォロー依頼をして業務効率を劇的に飛躍させている人もいます。このようにして会社という舞台が、公民館から武道館へと大きくなっていけるとしたら、活用しない手はないですよね。

店長として本当に本部スタッフに怒るべきは、その分野に対して自身のほうが優れているときです。

34

できる店長は、あらゆる会社の資産を活用し、主役としてスポットライトを浴び続ける！

35

できる店長は専門レベルの知識を身につけようとし、ダメ店長は任せきる。

前の項と一対の内容です。

できる店長は、本部スタッフをうまく活用し、その分野の基本的なことを自分の知識として身につけてしまえば、あとは最新情報を得ればOKと考えています。加えて、得た専門知識を部下に内容を噛《か》み砕《くだ》いて説明するときにまずは実践をしてみることを心掛けている方が多いです。そうすれば自分の理解度も増すとも考えています。

一方、任せきる店長はそのまま受け売り的に部下へ説明し、理解を得ていないのに「じゃ、それよろしくね～」で終わっているようです。よい結果も生まれにくいでしょう。

時代は日々変化し、文化は次第に成熟していきます。過去のよき習慣や原理原則は残しつつも新しい情報にも積極的に関与していくことを求められます。

在籍当時、ロッテリアの行動指針は「変化への対応と基本の徹底」でした。今でもブログなどで引用させていただいています。継続するには苦労もあり、大変な言葉ですが、今でも自分の行動指針として活用しています。

変化への対応ができなかったという事例で、恐竜がなぜ絶滅したのかというたとえがあります。諸説あると思いますが、食物連鎖の崩壊もその一つです。天敵のいない頂点につくために巨大化しましたが、需要が追いつかなくなったのかもしれません。

言い換えれば「私は店長だから、売ること、売れることだけを考えればいい」というポリシーでは、お客さまのニーズを捕まえ続けることが難しくなり、衰退してしまうでしょう。

過去に非常に苦労した事例をお話しします。新しい集客効果を見込んで全社、全店舗でブログを書いていくことになりました。本部の販売促進担当が講師になり、「SEO対策研修」が行われました。

どちらかと言えば、私はパソコンやインターネットの世界は不得意分野です。なので「h1タグ」「メタタグ」「キーワード検索」という、今ではある意味常識の内容がスンナリ頭に入りません。

「こりゃ、よくわからん。なんだかんだ言って本部につくってもらおう……」

実は講師役である本部社員は私の元部下だったのです。さっそく隠れ依頼をしました。するとその元部下は「いいですけど、最初に苦労しておいた方がいいですよ」の一言。確かにとは思いましたが「余裕が出たら本気で取り組むから、それまでつないで〜」の調子で回避しました。


約1ヶ月してようやく特別に取り組んできた店舗活性化が一段落したので、ブログをやりはじめるといろいろなルールがあって、なかなかキーボード入力が進みません。近隣店長に相談してみると、「うん、オレも最初はそうだったけど、最近ようやく慣れてきたよ。植竹さんもそうなると思うから、ガンバッテ〜」で終わり。

しかも、最初から積極的に取り組み、ドンドン習得していった店長の店舗では、効果が数字に表れはじめていました。「ブログ見てま〜す。明日お店に行きますね〜」などのコメントもジワジワ増えはじめ、一つの記事に反響が十数件。すごいことですね。

「しまった!」と思いました。不得意であったこと、他の仕事を優先して1ヶ月まったく取り組まなかったことなどグルグル考えました。そして一つの結論に達しました。平日に公休を取り、月に5~6回、本部の元部下に1時間のブログレッスンをお願いすることにしました。お礼は後での一杯をごちそうすることです（笑）。

ようやくコツをつかんで、ガンガンアップしていきました。すると反響も増えてきました。そこで気がついたことが、「面と向かって文句は言えなかったので、コメントに書きます」というお叱りのコメントも増えていったのです。**これはサイレントクレーム**（クレームしたい気持ちはあるが、言わずに立ち去り、二度と来店されない）**防止にも役立つことを理解しました。**もちろん丁寧にコメントバックして信用を取りつけていきました。

このように一定期間のオペレーションを実施し、発見や気づきを得た後に部下などに任せるような手順を踏むべきだと強く実感しました。何事も最初はチャレンジです。変化への対応力を身につけるためにもぜひ取り入れてみてください。

35 できる店長は、変化への対応を意識し、チャレンジ精神を持ってトライする！

36 できる店長は応援要請を本部にして、ダメ店長は系列他店に依頼する。

店舗の様々なオペレーションは習得するのに一定の時間が掛かります。はっきり言って本部スタッフの中にはその専門性を買われて入社し、店舗オペレーションは研修期間の数日しか関わったことがない人もいます。そんな人が応援で来てもらっても足手まといになるだけと思われている店長はたぶん多いはず……。

はい、私もそうでした。怒って帰らせたこともあります。今思えばもったいないことをしたと後悔しています。なぜかと言えば、その専門家視点で店舗を観察してもらうことで、新しい発見や売上・利益アップのヒントをいただけたかもしれないからです。

問題の原因は私側にありました。未経験の人にオペレーションの一部を担当させたワークスケジュール組みが失敗の原因だからです。仕方がないことかもしれませんが「応援＝即戦力」となりがちなのは十分理解しています。

そんなとき、私が当時とった方法は「オペレーション応援＝他店の店長応援」「その他の応援＝本部スタッフ応援」でした。ここで面白いのは店長のオペレーション力が意外と低いということでした（笑）。

本部応援の方の業務の一例としては、

・検品・納品の補助
・清掃
・フライヤーなどチラシ配布、それに伴う道路使用許可の申請、受け取り

などです。あえて客観的に店舗を見られるような役割にしました。

他店店長応援の業務としては、

・原材料の仕込み（飲食業時代）
・効率アップのためのハブ役（中継係）
・間違っているオペレーションを指摘して正しい作業に直す

という店舗業務の中でも裏方的な内容です。案外楽しそうに仕事をしてくれるものです。

当たり前ですが、応援が終了した方への感謝のあいさつとともに、指摘事項をしっかり聞き出します。これが本当にこれからの自店にとっての有益な情報になります。特に本部スタッフの方は「お客さま目線」で言ってくれるのでありがたいです。**ときに内容が辛辣《しんらつ》で正直、嫌な思いも一瞬はしますが、すぐ肥やしに換えます。**

まとめると、せっかく応援に来ていただくのですから、即戦力のアルバイトの起用を除けば、このように本部メンバーもよいと思いませんか？　店舗にいる時間が長くなればなるほど、考え方が主観的になって新しい発見や課題が見えにくくなるものです。

また、お客さまのフリをしてもらったこともあります。スーツを着てもらって店内を見て回ったり、トイレを使用してもらったり、喫食をしてもらったこともありました。現在のミステリーショッパーのような役割です。状態チェックの他に、そば耳を立ててもらって、お客さまが店舗に関わることでどのような会話をしているかなども調べてもらいました。そのヒアリング結果を元にして、改善をしていったこともあります。

私も本部勤務時代がありました。私は専門家スタートではなく、店舗スタートでしたので、いつも店舗のことは気に掛けていました。でも正直、「気に掛けているだけ」でした。実務が店舗とは異質ですが膨大にあったため、余裕がまったくありません。店舗に直接関係ない業務が本当に広範囲にあります。店長はそのことをまず理解してほしいと思います。デスクに座っているだけで「あいつらは楽でいいな～」は完全に間違いです。本部スタッフのことを理解し直す必要があります。

そして、本部スタッフに言いたいのは「今の自分でいられるのは店舗のおかげ」であることです。稼いでくれる人がいるから専門分野の磨き込みができるのです。

つまり、お互い持ちつ持たれつなのです。双方の長所を伸ばし、短所を補う人たち同士なのです。そうあるべきです。

36 本部スタッフに客観意見を求め、店舗改善のヒントを上手にもらう！

37 できる店長は会社の優先順位を重視し、ダメ店長は店舗の優先順位を主張する。

この内容は私が店長時代の最後のころにやっと理解できたことです。ズル賢さが備わったときと言ってもよいかもしれません（笑）。

店舗業務全般で100％のフル稼働にしない、というテクニックです。常に誰かがフリーの状態をつくり続けるという意味です。売上予算が達成されているということが前提になります。店舗の優先順位を主張する店長はこの余白を持てていないということになります。いわゆる「95％状態」を維持するのは本当に難しいことです。1年で一番売れる日であってもこの余白はつくります。

会社都合というよりも他人都合とした方がわかりやすいかもしれません。お客さまからのクレームを頂戴《ちょうだい》したとき、手が離せず5分後に伺ったとしたら、どんな結果が待っているでしょうか……。

以前にも書きましたが、神奈川県で店長をしていたときのことです。夏祭り開催の日は1年で一番売れる日です。2回経験しましたが、2回目のときはオペレーションには参加せず、ブレザーを着て皆が頑張る姿をビデオで撮影している状況にしました。クレーム対応などのイレギュラー対応をすべて私が引き受けるという役割に特化したのです。

本部から上司が「今、どんな状況?」なんて言われる電話応対も「今、ちょっと忙しいんで!」なんて切ることもなくスムーズでした。これが功を奏して過去最高の売上が達成できたのではないかと今でも思っています。

この人、できる店長だろうなと感じるのはピークタイムに店舗全体を見渡せる場所に立ち、にこやかにお客さまへのごあいさつや従業員へジャスチャーなどで指示を出している方です。ほとんどその場を離れません。動かれると私の目線も移動していくように観察してしまいます。もちろん、お客さまは一杯です。

できる店長の「重視」とは、少しの余裕を保つことで、イレギュラー対応ができること以外に、「販売チャンスをゼッタイに逃さない」という意味もあります。

100%のボリュームでカツカツに回しているときに、大量注文をいただいたりすることがあります。昔のおそば屋さんなどでたまに見られた光景ですが、昼ピークで従業員は忙しく動き回っています。そんなときに出前の電話が入ります。余裕がないので10コールぐらいまで電話に出られません。店内にベル音が鳴り響きます。やっとの思いで出られ、注文を伺う際もかなりぶっきらぼうな対応に……。

「はい？　ざるそば10人前と天丼５人前、かつ丼５人前ですか？　１時間くらいみてもらっていいですか？」

お腹が減っているので電話の主はなるべく早く食べたいですよね。でも１１０％フル稼働ではそのご要望にはお応えできません。追い打ちをかけるように厨房から大将らしき声。

「電話いつまで出てんだよ！　□□番さん、○○上がったよ‼」

配達の催促電話に「今、出ました！」は有名ですよね。この状態では「特需」には対応できません。私にはそれがもったいなくてどうしようもないのです。依頼されたお客さまも、昼時の飲食店は忙しいことはわかっています。何軒のお店にも断られて、焦《あせ》っているかもしれません。そんなとき「はい、大丈夫ですよ。どうぞご注文なさってください」の一声にどんなに救われるかを想像してみてください。うまくつながれば将来の上客になっていただける可能性はグーンと上がります。

私の実家も店舗商売をしていたので、私も商売人です。ロッテリア時代、売上が不振のとき、お得意先に「お持ち致しますのでご注文いただけませんか？」という営業電話をよくしていました。「あれ？　店長、今日売上キツイの？　じゃあ今日はみんな残業するから18時にチーズバーガーのセットを20個頼むよ」「おーい、ロッテさん注文したよ～！ドリンクどうする～」ありがたいことです。このお得意さまは以前、昼に店舗までお越しいただき大量注文された際、私だけがフリーでしたので製造、ラッピング、袋詰めまで一人で行い、事務所までご一緒にお持ちした過去があったのです。

このように余裕を保つことで必ず商売はつながっていきます。気分は晴れやか、とにかく売上増で顔もほころびます。

37 できる店長は、常に余裕をつくり出し、相手都合に合わせられる態勢を整えている！

38 できる店長はできないことをできると言い、ダメ店長は正直にできないと言う。

「最初から諦めるのではなく、やれるだけの努力はしようと、ポジティブなスタンスに立ってください」、とだけを言いたいのではありません。

「できない」と言うことはカンタンですが、できない理由をしっかりあぶり出してほしいということを言いたいのです。

店舗はお客さまを直接相手にしているからある意味受け身です。だから、できること・できないことがある、と強く線引きをしてほしくないとも言えます。

極端な例ですが、以前ある上司に嫌われたことがあり、「すぐに本部に来い！」と言われたことがあります。「○○さんが来いと言ってるから、悪いけど後頼むね」なんて言い訳をして本部に行くと、なんてことのない内容で怒って帰ってきたこともありました。それから同じようなことがあり、「今は無理です。16時なら伺えます」などと生意気なことを言ったこともありました。

でも、後々になって思い出してみました。

「あの人は本当に意地悪だけの理由でオレを本部に呼び出したんだろうか？」

すべては理解できていないと思いますが、今考えればこのようなことの気づきをいただきました。

「常に冷静に店長としての行動が取れているのか？」

これだったと思います。つまり他人からの依頼には結果的に自身にとって何らかの気づきを与えてくれる」という貪欲《どんよく》さが店長にはほしい資質の一つであるということです。

Ｇｉｖｅ＆Ｔａｋｅが成立するのは、自分のから先に相手にＧｉｖｅすることからはじまると思います。「ちょうだい！ ちょうだい！」では決してうまくいかないと思います。このスタンスを保つことでちょっと無理そうな要請を受けたとしても応じようとするはずです。

本部は今の店舗の状況はほぼわかりません。それでも配慮の上、ピークを外して電話を掛けたりはしています（そのはずです……）。でも本部の機能があること自体が私は幸せだと思います。個人商店であれば営業だけでなく、経理や人事、はたまた資金調達まですべて一人で行うことになります。自分の代わりに何かをしてくれている人たちからの要請は断れないのが本当ではないでしょうか。

と、大きく出たものの、私も脱サラをして会社を設立するまではここまで理解していませんでした。わが身に降りかかったことがなかったからです。店長として、本部スタッフとして与えられたミッションをクリアしていればよい身分だったからです。頭では理解していても、**いざ実際にやってみると見えてくる視野の違いに驚かされました。**

パソコンの設定の仕方がわからない場合、サラリーマン時代はシステム部に電話をして、対応をしてもらっていました。それが独立後はすべて自分で行います。どこかに依頼をすれば、すべて費用が掛かるからです。資金調達もそうです。自分から金融機関に問い合わせて創業融資をお願いし、事業計画書をつくって面談に臨んだりと目が回る忙しさです。そんなとき、今までわがままを聞いてもらっていた本部の人たちの顔が浮かんだものです。

とは言え、すべてが新鮮で楽しかったので今はよい思い出です。

人間には情というものがあります。ときとして、その「情」は無情、非情という言葉があるように、不愉快な対応をされた記憶などが残っていると、直接間接にかかわらず悪影響を及ぼします。せっかく手伝ってくれる人の気分を害してしまうなんて、こんなにもったいないことはありません。

でも、もしもそうしてしまった過去があったとしてもどうぞご安心ください。赤の他人ではなく、会社内同士の人間関係です。さきほどのＧｉｖｅ＆Ｔａｋｅの「先Ｇｉｖｅ」をしてあげれば少しずつかもしれませんが、関係は良化していきます。

仕事に真剣だからこそ、ウソはつけないからこそ断ったのだと、ポジティブに考えてくれるようになるでしょう。

38 できる店長は、人間の情にも考えをめぐらせ、頼まれごとはどうにかして実行するように心を決めている！

第7章

お店の数字 編

39 できる店長は適度にロスを出して、ダメ店長はロス自体を恐れる。

一言で「ロス」と言ってもいろいろな項目があります。

廃棄ロス　販売見込みの失敗・賞味期限切れ（保管方法のミス）など
機会ロス　物の視点　⇓　欠品　人の視点　⇓　シフトパワー
棚卸しロス　カウント・入力ミスなど
値下げロス　ディスカウント分のロス

飲食店のケースでお話していきます。当時のロッテリアでは包装したハンバーガーが製造後20分経っても、売れなかったら廃棄するルールになっていました。つくり過ぎてしまうと、このように「製品廃棄ロス」が生まれます。

もう時効だと思うので白状します。廃棄すべき品質のハンバーガーを自腹で購入して、どこまでマズいのかをチェックしたりしました(笑)。でもここでの問題は、自腹ではなく、販売に関して正確なデータが得られずに後々の販売(製造)計画に悪影響を及ぼすことです。

ここで私のように**ダメ店長は、ロスそのものを消そう、隠そうとします。**この心理は人間の性《さが》かもしれません……。

このようなダメ店長にはこの製品廃棄ロスしか見ていない方もいます。棚卸しに関してのロスも見ているかもしれません。いずれにしても物の視点だけですね。

アパレルなどでよく見られる「バーゲンセール」。うまく原価コントロールをされている店舗もあるでしょうが、買い取りの在庫を処分しないと倉庫で眠らせるにも費用が掛かるので売りさばくという行為ですね。メーカー・取引先との関係もありますので、店舗側が「かぶる」こともあるかも知れませんが、ロスであることには変わりありません。

物の視点のケースが多いのには理由があります。売上原価にプラスして計上されるケースが多いからです。粗利額が減ってしまうと、固定費をうまくコントロールしても利益計画をショートさせてしまう可能性があるからです。つまり「数字で見えてしまう」からです。

できる店長がどうしてある程度のロスをあえて出すのかの理由をご説明します。

飲食店の場合、ピークタイムに欠品は間違っても起こしてはなりません。品切れと材料の過剰。どちらがよいかと言えば、私は材料を選びます。その理由はとにかく「機会ロス」を一番防ぎたいのです。

この機会ロスは一見、数値には反映されません。なのでモチベーションがとても低い「雇われ店長」はほぼこのロスを考えません。知識として知っていたとしても気にしません。

人材の能力が低ければこの機会ロスが発生しやすくなります。飲食店のオススメメニューは、その原材料の在庫がダブツキ気味の場合もあります。このオススメを接客時にできなければ、そのまま原材料廃棄ロスになります。つまり、ロスをつくり出すのは実は人間であるということです。

できる店長は機会ロスを観察して**「現状の店舗運営力ではこのくらいのロスが『適性ロス』だな」と考えます。**ここでの店舗運営力の一番は「人材力」になります。シフトパワーが低ければ、ロスが出るのは『今は』仕方ないと考えるからです。

したがって、ロス管理は人材育成とのリンクが深いということになります。つまり、販売結果データを見て、明日以降の販売計画を立てます。そのときに売上額を絶対に落とさないようにするために、プラス2～5％くらい販売量を増やす計画に「修正」します。ここで機会ロスを最小限に留めようとします。

ここでは「歩留まり」と言ってもいいかもしれません。その状態をキープしつつ、お客さまへのご提案やオススメメニューの100％告知、そのメニューの魅力などを部下やアルバイトに伝えていきます。そうすることで、「廃棄ロスが減った。これはみんなの努力の結果だね」と褒める材料の一つとして活用してしまうのです。

つくられた数字ではなく、心身をフル回転させて、数字をつくる店長が私はできる店長の要素であると思います。

39 できる店長は、商品コントロールで、ロスを人材育成の一つとして最大限の活用をする！

40 できる店長はいつから外部アピールするかを考え、ダメ店長は内部固めを延々とする。

「店舗内からいろいろなことがわかり、今後の運営に磨きがかかる」という言葉があります。店長の皆さんはこの言葉をどのようにお考えになりますか？

確かにそうだと私も思います。でも、これは「外部アピール」をしたことによって様々なお叱りやご指摘、お褒めの言葉をいただいて気づけることだと思います。

ここで言うダメ店長は「頭がよすぎるから、ダメなんです」と言いたいのです。店長として内部固めは大切な仕事です。「体制をつくる」という言い方もしますよね。「こんな店舗の状態では、集客狙いで販促費を投下しても、クレームの嵐になってしまう。逆に店舗の評判を落としてしまう」という予測を前提にしてしまって、外部アピールをされない店長さんが意外と多いのです。実際に行動する前から結果がわかり過ぎてしまうという「妙な頭のよさ」です。

店舗には完全体はほぼありません。また、部のお客さまには自分が意見することで「この店を育てよう」とお考えになる方もいらっしゃるほどです。

ここで私がいつも考えて実行していたのは「６割主義」でした。

さすがに50点以下ではお客さまにご迷惑をお掛けしてしまうので早く60点以上にするための努力をしますが、学校のテストで言う「赤点を上回ればまずはヨシ」の考え方をそのまま取り入れました。

一つ目の指標として業務精度や品質が**６割に達したとき、**私は集客アピールを実行に移していました。

なぜかと言いますと、今までの経験から、店長として赴任する店舗は業績が下降していて、ＱＳＣレベルも高くないという、ほぼ「立て直し」の状態であったからです。ひどいときは、「ここ半年で閉店（クローズ）をするかどうかを見極めたいから、植竹行ってくれ」というミッションまでありました。そうなると、延々といつまでも内部固めをやっている訳にはいきません。重要ポイントがクリアできたら、すぐに外回り営業をはじめました。

そこで重要なことは「営業は営業で走りながら、内部固めの改善をするという同時進行」です。これは店長一人ではなかなか難しいので一緒に実行してくれる「仲間」を募ります。このときに手を挙げてくれた人材をリーダーにしたりもしました。

リーダーに店舗を任せて、お客さまを呼んでくるのが店長の本当の仕事であると私は思います。家族にたとえれば、お父ちゃんが猟や田んぼへ、お母ちゃんが炊事、洗濯……。つまり自分の右腕は「女房役」ですよね。

私の内部固めの真骨頂はこの右腕を一刻も早く発見し、任せられるまでに仕上げることです。

店長である自分が不在であることが、一番の部下育成になることもあります。正誤はともかく、判断をしなければならない立場にあることは人を育てます。

つまり、内部固めを延々としているということは、店長が常に店舗にいる意味を指し、右腕候補の最終試験をさせていないことになります。

できる店長は外部アピールを「いつからできるか」を考えていると書きました。二つ目の指標は**「いつから右腕に店舗を任せるか」という言葉に置き換えられます。**裏返せば、「いつまでに一人立ちをさせなければならない」ということを計画し、計算しています。併せて、卒業試験前には外に出る準備も着々と進めているはずです。

「……最初はクーポンを使ったディスカウント戦略で集客。客単価減少を○○円までに抑えるための方策も必要だな。集客時のリピート戦略は『一会話接客』。マニュアルロボットにはさせないような工夫が必要だ。ピークのレジはベテランにしよう。そこから来店頻度アップ策。コーヒーチケット制を本部に申請しておこう……」と続いていくでしょう。

内部固めにはゴールもほぼなく、地味な作業が連続します。確認、改善、検証と手順を踏み、ときにはアルバイトへ嫌われ役もしなければなりません。業績低迷は店舗が風邪を引いている状態ですよね。その風邪を治す特効薬はもちろん「売上回復、アップ」です。

改善活動をしているアルバイトたちの努力に報《むく》いるためにも、お父ちゃん役である店長は外からお客さまを引っ張ってきてあげてください。

40 できる店長は、自身の役割を一つに絞らず、店舗のお客さまの幸せを常に考え、行動する!

41 できる店長は売上不振は準備不足の問題ととらえ、ダメ店長は天気とカレンダーのせいにする。

天候不順は売上を減退させます。東京などの都市圏で大雪が降ると交通がマヒするのと同じですね。

でも、月初に売上予測を立て、どのくらい下回るかを前日までに再予測して、明日以降に備える行為をどこまでやったかで案外売上は変わります。

同社全店の営業結果がその日にＦＡＸやメールで送られてくる企業もあることでしょう。そんなときの数字の見方として、全店日商予算対比額が仮に80％だったとして、10％以上（ここなら90％以上）上回っている店舗があれば、その店舗は相当努力して売上確保に努めたと考えられます。

こんなとき、新人店長時代は「へぇ～、○○店すごいな～」で終わらせていましたが、上司からの指導があったとき「そうだったのか！　そこまで売上に執着していたのか！」

と驚きました。

でも地道に数字をつくる店長は「当たり前にしていること」が特徴であることが多く、「いや、そんな特別なことはしてないよ」というコメントがよく返ってきました。

しかし、ここからが重要です。

悪天候の日に何をしているのかを直接見に行ってもよいでしょう。あくまでもこのようなコツコツ店長は「悪天候だから、あそこの店に行こう！」と顧客に思わせる何かを施《ほどこ》しているのです。何気ないことの方が多いかもしれません。

・店頭に100円傘を用意して置き、「次にこの道を通られる際にお返しください」
・ご来店時、あいさつと同時にお客さまの濡れた肩周りをきれいなタオルで水滴をふき取る
・出入口の空調を強め（外と反対の温度設定）にしておく
・「お足元にお気をつけください」の一言とともに笑顔

見出しで「天気とカレンダー」と書いた理由は、月単位で売上の山・谷が暦上予測できているので谷間の日は「仕方がない」と考えてしまうことです。この考えは**商売人として**

失格です。そのような通例を打ち破ってこそ、お客さまから存在価値をいただけるのです。

根本的な考え方として、悪天候だから何か対策してなるべく売上ショート額を減らす努力をするのではなく、「こんな悪条件の日でもご来店いただいたお客さまへの感謝の気持ちを何か表現しよう」というスタンスに立てている店舗、店長は「強い」ということです。

商売に対する筋を一本通していますよね。関係者として見ていて、本当に清々しい気持ちにさせてくれます。私がお客さまの立場であれば、知人にも紹介したくなります。

数字をつくるためには「人と人とのつながり」は欠かせません。「チェーン店だから」、「マニュアルに沿わないことはできない」ということではありません。

雨の日、店頭で傘袋を手渡しする店舗があります。でもよく観察していると、店舗都合（＝床を濡らしたくない）とお客さま都合（＝お客さまの衣服がさらに濡れてしまうのは見ていられない）という意識の違いは、同じ行為をしていてもすぐにわかります。人の記憶はインパクトが大きいほど長く残ります。ちょっとしたことでも、「アッ！」と思ったことは、その場に行くと思い出すものです。よい印象として余韻を残したほうがいいに決まっています。でも作為的ではなかなかこの「記憶」には残ってくれません。

私が学生でアルバイトをしていたとき、仲間と食事をしながら「喜び会議」をしていたことがあります。このときの喜び会議の議題は、「お客さまはどんなときに喜んでくださるのだろうか」というもので、ワイワイガヤガヤ話し合う会議でした。「よし！　じゃあこれ、誰かやって見る?」「私、やりたいな〜」「オレ、やりたいっす！」みたいな感じです。

そしてその試した結果の「お客さまの反応」を報告するということも次回の議題に上がります。記録化する、共有するというような高度な仕組みはありませんでしたが、これをしっかり共有しておけば大きな財産になったはずです。

悪条件の日でも、事前に練っておいたことを実施することでお客さまの評判となってジワジワ浸透していきます。「このジワジワ浸透」は店舗の力です。店長が変わってもこの力が落ちることはありません。この底力が売上の下限額を引き上げてくれるはずです。

41 できる店長は、地道にコツコツと店舗の力を蓄え、売上の谷間に効果を発揮する！

42
できる店長は異動後3ヶ月までの売上は自己責任とし、ダメ店長は後任のせいにする。

異動とともに売上減少する傾向の原因は、店長個人の力でグイグイ引っ張っていった状況が明らかに見えます。でも役割を明確にして部下に任せ、店舗としての力を分化させていくことのほうが難しいものです。

店長としての業績責任は自分が退いても数ヶ月間は売上や利益への悪影響を最低限にするというものも問われます。

もしも減退してしまったら、右腕を育てきれなかった、リーダーを多く輩出できなかったと反省しましょう。

なぜ3ヶ月かという意味をご説明します。一つ目はよい習慣があったが後任がそれを推奨しなかった場合、その習慣が廃《すた》れていく期間が3ヶ月であるそうです。二つ目は後任店長がその店舗の状況を把握するまでに約1ヶ月、少しずつ自分の色を出しはじめてくるのが2ヶ月目。それが全従業員に浸透するのに約1ヶ月、計3ヶ月という解釈です。そして三つ目は次の四半期対策を1ヶ月前から準備をしはじめたとして、店舗の色が変化しはじめたことにお客さまが慣れていく期間が約3ヶ月かかる、という意味もあります。

他にも意味合いはあると思いますが、店長が個人単位で能力を発揮してきた方では、3ヶ月はもたないだろうと想像していただければうれしいです。

ここでお伝えしたいことは「リーダーシップ」と「ボスマンシップ」の違いについてです。私が解釈する「リーダー」像は、個々の才能を引き出して自分の代わりを務めてくれる人を作れる人のことを指しています。一方「ボス」像は、部下に判断業務はさせずに自分の能力下で組織を引っ張り上げる人としています。

十数年前では、「ボス」はダメ、店長は「リーダー」を目指しなさい、と教わりました。しかし、今私が考えているのは両方の「いいとこ取り」です。ときに**強気に「こうやる。みんなついてきてくれ」**とバシッと言う一言も大切だと思います。でも、どちらか一方に片寄らせるとしたら、やはり「リーダー」を求めると思います。

オーナー兼店長の方はこの「ボス」系の方が多いように見えます。開店当初は私財を投げ打っていますので、「死ぬか生きるか」の世界です。「ボス」化するのもうなずけます。そして順調に業績が向上して、いざ2店舗目となったときに現在の右腕に1号店を任せて、オーナーは2号店の起ち上げに専念していきます。2号店が順調な売上推移を見せはじめたときによくある話は、「1号店の業績不振」です。そうなると、このオーナーは寝る時間がなくなったりします。1号店のフォローをしながら2号店のマネジメントを行うことになります。1号店に復活傾向が見えはじめたら、2号店がうまくいかなくなったり……、とシーソーゲーム化する組織も多いのが実情です。

組織が大きくなればなるほど、強力なリーダーシップを持った人材が必要です。けん引役と言ってもよいでしょう。私の1店舗での最大人員数は社員4名、アルバイト120名でした。常に15名くらいがシフトに入っていて、正直新人の名前を覚えるのも大変です。店長がそんなレベルですから、自身のポリシーなんて伝わるはずがないと考えていました。でも、そこは右腕たちがしっかりと受け継いでくれていて、本当に助かったと同時に、一人では何もできないな、と思い知らされました。それからは右腕たちとリーダーシップを今以上に発揮するにはどうすべきか、というテーマで居酒屋に行ったりしました。

また、異動後に前にいた店舗の従業員から相談を受けるということもあると思います。

「今の店長は植竹店長と違いすぎます。植竹さんのほうがよかったです」。

そりゃそうでしょう。決してうぬぼれではなく、その従業員は、その店舗の状態に慣れているからです。違和感を覚えて少なからず人にはプレッシャーやストレスが生じます。

なので私からのアドバイスは一言です。「じき慣れるよ。それまで辞めるなよ」だけです。

そして予定調和のように、3ヶ月経つと「ピタッと」このような相談はなくなります。新しい店長の下、新しい店舗の環境に順応した証でしょう。私はこの現象をもって「引き継ぎ完了」と自分自身で考えています。

人材面が整えば、あとは私がいたときと変わりがありません。違う才能を開花させてドンドン成長していってほしいものです。

42 できる店長は、後任のパフォーマンスを引き出せる環境をつくり、売上維持向上に貢献する！

43

できる店長は計画差異にこだわり、ダメ店長は計画未達にこだわる。

計画に対する差異や未達のお話をする際に欠かせないことがあります。それは、現状の店舗の体力測定をしてみることです。項目は業種、業態によって多少変わります。今回は共通項を書き出してみます。

・人材の能力や要員の過不足（シフト不足の解消）・在庫管理（売れ筋・死筋の把握）
・店舗の評判（お褒め・お叱りのコメントなど）・店舗の清潔感
・商品の品質

この体力診断を見誤ると、繁忙日に多くの在庫を抱えて売上アップを見込んでも人材のオペレーション力がついてこないという現象に陥ったりします。それが計画未達につながります。つまり、できる店長はそのようなことが頭に入っているうえで、外部環境のよし悪しや競合が何を仕掛けてくるかを考えています。ここが計画精度を高める要素です。

〈外部環境〉

・天候（月間予報をよく見ている）　・周辺の公共工事、建物の工事
・鉄道の乗降＋該当線路のターミナル駅の状況　・地域イベント（お祭り等）

〈競合の動向〉

・セール・バーゲン　・新規開店、リニューアル開店
・閉店セール　・新メニュー、季節メニュー
・店長交代　など

売上結果の予測精度を高める理由は、運営経費（固定費）、アルバイト人件費、発注業務など様々な項目に影響を与えるからです。売上を100万円と設定して90万円だったり110万円だったりすることで、どんなに店舗がバタつくかをよく理解してください。店長自身の仕事がオーバーフローするのは、この部分をラフに考えているからです。

数店舗規模の経営ですと、定期的に金融機関からの収支報告を提出したりします。そのときには毎月10日、20日、25日などに「見込み」を立てたりします。売上から原価を引き、変動費と固定費を引いて利益額の見込みを掛けます。その予測をするときに計画値を元に行うのでズレたら大変です。

たとえば１００万円の利益が出る予測をしていたのが、90万円になってしまったら、銀行側の印象も悪くなります。また、売掛や買掛をしていることも一般的なので、予定収入、予定支出の計画まで狂ってしまうことになります。

経営にうっかりミスは御法度。取引先との関係を悪化させてしまうことになります。どうして計画に対して未達なのかばかりを追求していると、マイナス要因探しになってしまいます。店舗内の問題にばかり目が行ってしまって、店長自身ですら働くことが嫌になってしまうかもしれません。

ちなみに私は売上アップの６大要因を以下のように考えています。

①外部環境　②商品　③ＱＳＣ
④人材　⑤設備　⑥販売促進

状況によって順番は少し変化させますが、だいたいこの並びで考えるようにしています。

ちなみに、⑤の設備は古くなってもＱＳＣレベルが高ければ十分カバーは可能です。

チェーン店では月単位の売上・利益予算が与えられ日割りにしていくことが営業計画になってしまいがちです。でも数値だけの計画を立ててもそれは**絵に描いた餅**で終わることでしょう。先に書いた６つの要因についての計画を立てて実行していくことで店舗に体力がグングンついてきます。力がつくことで計画精度がさらに上がっていきます。

①外部環境　商圏内調査、報告、予定表と計画±額の設定
②商品　販売計画、在庫管理・金額計画
③QSC　主に、清掃計画
④人材　教育計画、シフト（人件費）計画
⑤設備　メンテナンス計画
⑥販売促進　販売促進計画

計画「書」として作成する、しないは別として考えておく必要はあります。出た結果に対して何か行動することと、あらかじめ考えていたことの結果がどうだったのかは全然違います。事前と事後という区別もあります。

ありがちですが、シフトを全員のパワーの合計を考えるほうがよいのですが、人数合わせで管理を行っていると、思うように売上が伸びず、計画未達という悲しい方程式が成立してしまいますので、注意しましょう。

43 できる店長は、青写真を持ち、そこから売上計画を立て、精度は±3％以内にする能力がある！

44

できる店長は単に固定費を削ることを拒み、ダメ店長は固定費を削って利益額調整をする。

固定費をしっかり使って、売上や粗利（荒利）がついてくるような数字の論理にすれば「店長冥利に尽きる」と言ってもよいでしょう。わかりやすくご説明します。

・一等地でたくさんの家賃を払い、
・多くの人材を遣い（人件費アップ）、
・会社経費で月1回の慰労飲み会の承認を取りつけても利益予算額を常に上回る

このようにして、会社でトップの利益額をたたき出す店長＝稼ぎ頭（かしら）であったら店長として気持ちよいでしょう！　これをめざしましょう！

店舗損益計算書の固定費額は「店舗力の証《あかし》」です。額が大きくても上回る売上・粗利を稼ぐことで店舗力はドンドン強くなります。競合が同じ商圏に出店しようと思わなくさせることもできます。

節約と倹約という言葉があります。私の解釈は**「節約＝無駄を省《はぶ》く」「倹約＝必要経費も削《けず》る」**です。２００８年に石油の供給が少なくなり、電気料金を大幅に値上げする一大ブームが起きました。そのときに、もちろん電気の節約が流行します。前年の最大使用量を超えて30分継続してしまうと、来年の基本料金が一気に跳ね上がる仕組みですから、ピークカットの仕組みを導入したりして、あわただしかったことを記憶しています。

その中で、極端な節約（＝結果的に倹約）をしている店舗があり、すぐに元に戻してもらったことがあります。フロアの電球を間引きしていたのです。客席照明の設定はいろいろ計算をした上で設置していきます。下回ると、薄暗くなるだけではなく、汚れに気づきにくくなるなど、お客さまにご迷惑をお掛けすることが増えてきます。しかも、照明に対する電気量はさほど大きくなく、その店舗では1ヶ月で数百円程度の経費でしかありません。

私はその店舗の店長に説明しました。最大の電気大好き設備は「空調」です。開店前にONして、そのまま無頓着にノンコントロールであることが一番マズいことだと理解してもらいました。

このように無意味な固定費削減は店舗力を減退させてしまうことがあります。まずこの違いを知っていただきたいです。

そして、こちらでは固定費と書きましたが、倹約の世界に入ると、まず削減されるのは人件費です。倹約状態とは売上不振でお客さまが少なくなっていくことです。すると、お客さまが減っているのに多くの従業員は必要なくなります。そして一対である教育研修費も対象になります。併せて交際接待費、福利厚生費といった「人」に関わる部分から減額されていく厳しい現実があります。

月単位で出されることが多い「損益計算書（P／L）」。隅から隅までしっかり見てください。そして前月、前年と比較し、何が変わったかをしっかり観察してください。**店長にとって、このP／Lは〝通知表〟のようなものです。**店舗の成績は一番下の「営業利益」です。

そして、ここでのポイントが「固定費」となります。

この固定費を良化させるためのポイントをご紹介します。

まず「減価償却費」です。店舗には様々な設備・機材・什器があります。それぞれ、耐用年数があります。リース料を含めていることもあります。この設備を長持ちさせる、また購入、リース契約をする時期を延長させることが可能になるはずです。再リースという方法もあります。日頃のメンテナンスは修理代以外にもジワジワと効果を上げます。

この他に、「地代家賃」などはチェーン店などであれば「管理不能固定費」の分野に入ります。でも同じテナントのオーナーさんと仲よくなって家賃を聞き出したことがあります。坪単価当たりの金額に随分の違いがあったので上司に報告し、交渉してもらった結果、家賃が下がったこともありました。トライしてみる価値はあると思います。でもそうなると、更新時の金額が上がる可能性もあるのでご注意ください。

固定費のコントロールは1ヶ月単位でできるもの・できないものといった項目、科目ごとに「性格」を持っています。その特徴をうまくつかんで、不必要な経費は減らしたり、なくしていってください。この仕事は店長としての義務です。そして、やみくもに減らすのは危険です。上司の方と綿密に相談してみてください。

44 できる店長は、いざというときのために、固定費のボリュームを見通して日々の経営をしている！

45

できる店長は一人の客の来店頻度にこだわり、ダメ店長は平均の客単価にこだわる。

商売とは、一人のお客さまが1日、1週、1月、1年にどれだけのお金を遣ってくださっているかがカギです。この考え方は常連傾向だけを観察するだけではありません。1回だけのご来店でその後再来店されない「離反顧客」の対策にもなります。

私の客単価の扱い方は「店舗の状況をザックリとつかむ指標」にしています。参考データですし、日によって上下変動が大きいですし、かなり大きいデータ（例：顧客数が数千人単位）なので抽象的に感じるからです。

そのまま「客単価を10円上げよう」という計画では細かい設定ができずに「なぜ○円アップ・ダウンしたか」という検証も大味になってしまうと考えています。

単に客単価だけでくくってしまうと、新規のお客さまも常連のお客さまも同じカウントになってしまって、分析の出発点から間違ってしまう可能性があります。最初に設定を間違えてしまうと、結果が出たときに、逆に混乱してしまいます。それでも指標として計画を立てるならば、「〇時台の□□層で△円の客単価アップを狙う」くらい設定を狭くしていくべきです。

スーパーや飲食店をはじめ、ほとんどの業種・業態で「ポイントカード」が導入されているのは皆さんご存じのはずです。このカード情報は顧客の来店日時、購買物（購買点数）などなどを記録して集計をしてくれます。併せてＰＯＳで販売管理、在庫・発注管理をしていくと売れる商品を多くラインナップできますね。

１９８０年代以降、時代は変化してシステムの導入によって情報精度を劇的に進化させました。

システムが進化することで利点は多くあります。でもその裏返しで、従業員がお客さまを見なくなるという弊害も起きています。私の大先輩の方々の中には「最近は**顧客に興味がない従業員**が増えた！」と言われ、プンプン怒っている方もいらっしゃいます（苦笑）。

新旧よいとこ取りをする方法を今現在も模索されている企業、店舗は多いことでしょう。

実は、この「新旧よいとこ取り」は可能なんです。方法もカンタン。ぜひやってみてください。

やり方は、「いつもありがとうございます。お住まいはお近くなんですか？　あ、申し遅れました、わたくしは○○と申します」と言って、笑顔とともに、自分のネームプレートを持ってお客さまに指し示してみてください。「お住まい」「お仕事先」などの枕詞はきっかけになればよいので何でもＯＫです。

このことの狙いは、お客さま側の視点では「私のことを覚えていてくれた」という気持ちのよさと、従業員視点では「自分のファンになっていただけるかも」など、仕事から発展して能力が向上するきっかけをいただけることです。

以前、お客さまとのコミュニケーションが取れたことを記録する「お客さまノート」をつくっていました。従業員が休憩中などにお客さまとのやりとりを書いていくのです。情報の共有からスタートしましたが、副産物はたくさんありました。

お客さまからのお褒め、お叱りはもとより、アドバイスをいただいたり、従業員がお客さまとの会話の中から、オペレーション改善のヒントをつかんで提案をしてきてくれたり、お客さまの似顔絵やイラストを交えて楽しい記事になったり……。休憩室でこのノートを見ながら、スタッフがワイワイと議論をしている姿を見て、私もうれしくなりました。

ちなみに、このノートの管理者は絵心のあるアルバイトさんが最適です。

POSや顧客管理データを見つつ、実際の接客やお褒め・お叱りの言葉を収集して売上増に努めるという両方をした方がよいに決まっています。そのときに、「来店頻度」というものに注目してほしいのです。店舗スタッフの努力によって一人一人のお客さまを見つめ、月1回から週1回、週2回とご来店される回数が増えていくことは誰でもうれしい気持ちになるはずです。

データを見るだけではなく活用する。この発想力は非常に大切です。

45 できる店長は、データも人も見て、売上増とともに「ふれ合い」まで見据えた運営をしている！

46

できる店長は顧客満足度にこだわり、ダメ店長は従業員満足度にこだわる。

実はこの話の中身は従業員満足度（以下ＥＳ）をまず追求し、部下が働きやすい環境をつくることからはじめることが大切です。特に人材立て直しの場合は従業員満足のキモを探すことが大切です。

でも、店舗の人員体制を整えるということは、売上や利益が上がる仕組みが出来上がっただけ。顧客満足（以下ＣＳ）の向上こそ、ＥＳをＭＡＸにするという目標に自然にスイッチしていかなくてはなりません。

つまり、労働環境の整備や店舗としての数字以外の目標（コアコンピタンス・クレドと呼ばれるもの）を設定しない限り、顧客の満足は向上しません。

よく聞かれる「ミステリーショッパー」と呼ばれる顧客満足度の覆面調査というものがあります。

これは顧客満足度を客観的な視点で顧客目線で調査するもので、これだけを導入する企業が多いのが実情です。

確かに、フィードバックを丹念に行って、ＥＳの向上を図るというような決定がされる場合もあります。

しかし、CS調査を受ける前の事前準備はとにかくES活動なのです。アルバイトや新人社員の意識づけを変える準備運動としてとらえてください。

このテーマは準備運動をずーっと繰り返している店長はダメですよ、という内容です。

実は、ＥＳが向上すると、アルバイトをはじめ従業員が友人、知人に店舗への来店促進をしてくれたり、常連客の来店頻度が上がって売上がアップする現象が〝一時的に〟現れます。なのでＥＳを追求すれば売上は向上すると考えてしまうのです。

これでは今のES度が当たり前になってしまったら、この効果は薄れるのは目に見えています。この段階まで店舗が成長したら、こんなストーリーをイメージしてください。

①ES度を上げるための〝材料探しヒアリング〟をする
②ヒアリング結果をまとめて、人件費や物品購入などのコストを計算する
③欠勤率減少などの数値と、雰囲気がよくなったなどの状態の目標を計画する
④店長も一緒に改善行動をする
⑤よい結果を店舗内全員で共有する
⑥ES活動の次のステップを行いつつお客さまが喜ぶことは何かを（全員で）考える
⑦お客さまアンケート・ご意見掲示板などを設置して現時点での評価を知る
⑧ESとCSを同質化させる
（お客さまの満足＝みんなが働きがいのある店舗になることを強調する）
↓顧客の喜びが我々の喜びになることを認知させる
⑨「CS＞ES」という構造をつくって、両方の活動を続ける
⑩部分的に部下に任せていくことで店舗の自力が身につく

〈ポイント〉

・最初は有志を募って改善活動を行ってもＯＫ
・ミーティング内容や決定事項を全員に説明してまずは「理解」をしてもらう
・やらされ感タップリでもまずは実践をしてしまう
・実践後に「納得」を導き出す誘導（全体ミーティング）を行う

店長としての力量が一番試されるのは⑥の所です。万一、この転換に失敗したら、もう一度違う内容で③～⑤を実施します。

初回よりもレベルの上がった（ＣＳ追求に近づいた）内容になるはずなので転換もスムーズになるでしょう。

これは会社の規模はまったく関係ありません。逆に大企業の店長よりも、１店舗だけのオーナー店長の方や、３店舗の会社で総括店長を任されている方などは「店舗の自力づけ」は喉《のど》から手が出るほどほしいはずですよね。

46 できる店長は、従業員満足度の向上だけでは本当の売上アップにはならないと知っている！

第8章

クレーム・接客対応 編

47
できる店長はクレームを人の目に触れる所で聞き、ダメ店長は店舗の外で話そうとする。

10年ほど前のことです。明らかにその筋と思われる方がフロアで怒鳴《どな》っていました。接客クレームでした。店長であった私は間違った判断をして「店舗の外でお話をしましょう」と連れ出しました。そのことがお客さまの間で、「あの店長はヤクザとつるんでいる」「怖い人だとあの店長は弱い」と噂《うわさ》となって広まってしまったのです。

「噂を消したほうがいいよ」と一部の常連の方は優しく教えてくださいましたが、なかなか止むことはありませんでした。「人のうわさも75日以上」だったと思います。

そのときの瞬間的な判断で「このような風体の方と話していると悪い評判が出回るかもしれない」と思い、目立たないようにするために店舗の外で行ったのですが、結果は、裏目になってしまいました。そして、自分の身体が危ない状況であったことも反省しました。

上司に相談したところ、「商売は正々堂々となりなさい」の一言。これで私の腹は決まりました。

すぐに似たような件で、お叱りをいただきました。今度は店舗フロアの真ん中でお話を伺いました。しっかり伺い「私をはじめ、リーダー職がそのアルバイトと行動をともにして原因を探し出して、再教育を行う」と約束をしました。

すると、間違っていることを堂々と謝罪し、改善をする店だという噂もジワジワ広がっていきました。そこからお客さまからのご要望が徐々に増えていったのです。


店舗の不手際の内容やお客さまがお怒りの様子を隠す必要はありません。逆に隠すことで見えないクレームを引き出すチャンスを逃してしまうことがあります。「そうだ、そうだ」と便乗してくる方もいらっしゃいます。それでもよいのです。店舗の様々な悪い膿《うみ》を出し切ってしまうくらいの気持ちで真剣にお話を伺います。そしてその課題について真剣に店舗従業員と話し合いましょう。

「みんなの代わりに店長がお客さまに叱られた。これは店舗にとって大問題」となったほうがより浸透が早まるというものです。「できる店長、転んでもタダでは起きず」くらいの強《したた》かさが店長には必要です。

こんな事例もありました。店舗側に100%の過失があった事例です。店舗の天井から販促物を吊り下げていました。発泡スチロールの板でしたので危険性は低いと考えていました。施工の甘さでそのボードが空調に常に当たっていて、気づいたときに落下してしまったのです。運悪くお客さまの頭にぶつかってしまいました。現場にいた私はとにかく平謝りです。そのお客さまは「いいよ、いいよ」と言って退店されました。

しかし、数日後そのお客さまがご来店されました。頭にグルグル巻の包帯をされていて「あれからやっぱり痛かったので医者に行って治療してもらった」とのことでした。またまた平謝りです。

すると「誠意を見せてほしい」との一言が……。すぐにピンときました。「恐れ入ります。誠意とはどのような意味でしょうか?」「おいおい、店長なんだから、そのくらいのことはわかってるだろう!」とだんだん声が大きくなってきます。でも落ち着いて「申し訳ございません。私の勉強不足でございまして……」と強《したた》かに譲《ゆず》りません。埒《らち》が明かなくなる直前に「治療された病院のレシートをお持ちくだされば、当方で負担させていただきます」と一言。「いやいや、そんなことを言いたいんじゃないんだよ。誠意を見せてくれと言ってるんだよ」「はい、お客さまより勉強させていただいて、私ができる誠意を考えまして、そのような結論に至りました」。

この堂々巡りを約1時間。今回もフロア内で行いました。数名のお客さまが興味本位でチラチラこちらをご覧になっています（笑）。「店長、どうしたの？」と声を掛けてくださる常連の方もいらっしゃいました。

結果は先方の根負けでした。「じゃあ、もういいわ」「大変ご迷惑をお掛けいたしました」で終了です。

このような場合、「根から断ち切る」ことが必要で、それには毅然とした態度が必要です。また、追随してくれていた部下に対応方法を教えることもできました。

このような対応をするとき、大前提は「謝罪の気持ち」です。そして、お客さまが何をおっしゃりたいのかを**丁寧に最後までよく聞きます。**ここで大切なことは、感情が爆発してしまった**「着火」**と**「導火線」**をよく見極め、**認め、確認し、御提案をする**順番をおさえておくことです。

47 できる店長は、クレームにおける事実を引き出し、その後の圧迫には強かさを持って対応する！

48 できる店長はルックスで接客係を選び、ダメ店長は性格のよい子を選ぶ。

以前、「教育は不平等でよい」と書きました。これは個々の才能を引き出す方法は一つではないという考えであることはお話しした通りです。

人材は何かしらの天性を持っています。ルックスのよい人材は人前に出て活躍するという運命めいたものを持っていると私は考えています。

ただ、ルックスがよいだけで終わるのか、どうかは本人次第です。裏返せばどんなにルックスがよくてもお客さまからのお叱りが続けば係から降ろします。そして裏方の仕事を指示します。このときにその人材に気づきがなければ自然と退職していくことでしょう。

また、性格がよい＝ルックスが悪いという方程式は存在しませんが、もしも自分でルックスがよくないと考えている人材であれば、それ以外のことで努力し、自分の存在価値を高めようとすればよいのです。

また、人間の才能はいつどこで開花するかわかりません。配置してダメ、また違う配置にしてもダメ、と2~3回のミスマッチで大抵の人は「あいつ、使えない」と烙印《らくいん》を押してしまいます。でもよ~く考えてみてください。全配置・役割につけて、それでもすべてダメだったら「ウチの仕事とは縁がなかったみたいだね」というのが本当ではないでしょうか。たぶん時間的にそのことを許さないか、単に見切りが早すぎるのです。

アルバイトの方は大きく分けて二つに分類できると思います。

① 自分の才能を見出せず、仕事自体にまだ慣れていない人
② 自分の長所を心得ていて、得意分野を活かして働く人

淡白かもしれませんが、このことに「性格」は含まれません。私は分けて考えるようにしています。働いて賃金を得ているならば、「プロ」でなくてはならないからです。①と②の線引きをはっきりさせ、力量を図っていくべきです。当然、ここに私情はありません。

なので、私のアルバイトの採用基準は、非常に厳しいものがあります。まず今の自分を理解しているか、そして明確な目標を持ち、今後どれくらいの時間を掛けて達成させたい

かを見ます。もちろん、自分の夢や目標を持っていない人には魅力を感じません。面接で助け舟を出しますが、そこでヒットしなければ感受性も弱いのかなと思い、残念ながら不採用にします。

この基準を保つのは「お互いの不幸」を招かないようにするためです。「お互い」とは店舗と面接に来てくれた人材のことです。単純にお金がほしい、でも何も考えていない人材にはお客さまも興味を持っていただけません。

冷徹な表現になってしまったかもしれませんが、仕事とはこのくらいでよいと思っています。数合わせの採用はしないほうがマシどころか、かえって店舗を混乱させ、従業員の不満を増幅させます。こうなると、業績立て直しの場合、成功確率は非常に低くなります。

また、ある店長が「血の入れ替えをしたい」と言ったことがあります。ベテランのアルバイトスタッフが幅を利かせるようになって、その店長が求める店舗運営になっていない、という内容です。どのように実施するのかを尋ねると、「退職をさせ、新しく採用する」の一点だけでした。

私は反対しました。理由は明確です。「それだけでは、また同じことの繰り返しになる」これだけです。その店長は私に怒りました。「では、どうすればいいんですか!?」。ここも私は一言だけ。「自分で考えなさい」。結局その店長は採用活動をしないまま、別の店舗に異動してこの話はなくなりました。そして後任の店長はとても苦労していました。

後任新人店長は、疲れ切って目の焦点が定まらないほどになっていました。でも同じ質問をします。「どうやってこの状況を立て直すの？」後任店長は答えました。「はい、まずは既存アルバイトと直談判してこれからの店舗の目標を示します。賛同してくれれば継続して雇用、そうでなければ依願退職してもらいます」「そして、減らした所から採用活動をはじめます。採用基準は○○です。**初期教育は私を筆頭に社員で行います**……」とよく、ここまで考えたものだと感心しました。即、承諾して私も全力でサポートしました。

結果はやる前から出ていました。6ヶ月後には驚異的な業績になっていました。人材の見極め方、おわかりいただけましたでしょうか。

48 できる店長は、人材を人財と考え、同時に「商品の一つ」であるととらえる！

49 できる店長は笑顔とは前歯を見せることだと教え、ダメ店長は表情筋を動かせと教える。

笑顔が出ないというのは訓練でどうにかなるものではありません。出し方をトレーニングすることは大事なことですが、自然と笑顔になる環境をめざすことを忘れては何の意味もないですよね。

ダメ店長の典型は自分が笑えていないことがほとんどです。お客さまの前だけ、というのも同じ意味です。バックヤードでは眉間《みけん》に皺《しわ》を寄せて……これじゃ、仕事が楽しくなる訳がありません。

私が笑顔を出すトレーニング方法をお教えするときにすることがあります。ちなみに、鏡を使った練習は最後に個人ワークとして設定するだけです。

研修室を照明を半分くらいに落として目を閉じてもらってから、こんなことを話しはじめます。

「あなたは今日、久しぶりの休日です。朝起きたら、天気は快晴。気持ちよい一日になりそうです。そして歯を磨きながら、何をしようかな～と考えています。ドライブ・外食・買い物・デート……、する前からウキウキしてきます。シャワーを浴びながら『よし！○○にしよう！』と決めました。身じたくを整えて、いよいよ○○へ。そのときにどんなあいさつをされたいでしょうか？

では！　目を開けてください！　接客○大用語を唱和しましょう！」

つまり、お客さまのことが前提かもしれませんが、まずは**自分がどのようなあいさつをされたいかが理解できてこそ、お客さまが喜ぶあいさつ・表情が出るものです。**

Ｂｅｆｏｒｅ　Ａｆｔｅｒをビデオに撮って見返してみると皆一斉に驚きます。たったの5分で劇的に変化します。そこからはどれだけ笑顔が出ているか、もっと感情をよく表した表情のつくり方はないかをプロとして研究していくだけです。

そして、自然な笑顔が出せるようになるためには、**楽しかった体験を思い出し、そのときの自分の笑顔がどうであったかを連想する**ことで、できるようになりますよとお教えします。この研修の効果は非常に高いです。サービス業に勤める方は「生活を楽しむ」ことが上手な方がたくさんいらっしゃいます。この体験をドンドン増やしていくことです。

また、前歯とあえて限定したのは、素の笑顔のときにはほぼ100%、前歯がこぼれているものです。口を閉じて笑う人は今はほとんどいないはずです。口の周りの筋肉がどのように緊張、弛緩《しかん》すればどうなるかをミラートレーニングで習得すればよいのです。その訓練が終了したときには、自分の顔、表情が今どのようかを理解している証拠であると言いたかったからです。

個人単位での訓練の次は、店舗が、業務が笑顔になるような環境（＝工夫）になっているかどうかです。「笑え、笑え！」と、あまりにもスパルタ過ぎて、引きつった笑顔になっていたりしませんか（苦笑）？

王道は全員で店舗の目標を達成するということを前面に出した運営スタイルにすることです。ですが、これには評価の問題もありますのであえてここでは割愛します。

学生のアルバイトであれば、卒業後の就職をめざしている方がほとんどだと思います。

このアルバイトで笑顔を磨けば、就職活動が有利になる、そのための訓練と位置づけてあげればよいでしょう。

加えて、笑顔というのは周りを幸せな雰囲気にしてくれますし、自分の周りに人が集まってくれるようになるすごい効果がありますよね。これを目標としてみてはいかがでしょうか。このアルバイトをすることによって今後の生活、人生までも豊かになる可能性をアップさせてくれるとなれば、みんな賛同してくれるでしょう。あなたの店舗が**「うちで働くと、幸せな人生を送れるきっかけになるお店」**として採用活動を行うと、とてもよい結果が出ることでしょう。

笑顔は出させるのではなく、自然に出る環境やイメージトレーニングを通じて活気ある店舗をさらによくしてくれます。何と言ってもお客さまはあなたの店舗で何かのニーズを感じて、対価としてお金を払ってでも、その体験をしたいと思われているからです。

49 できる店長は、イソップ物語の「北風と太陽」でたとえるならば「太陽」である！

50 できる店長は来店時のあいさつはオリジナルでよいと言い、ダメ店長はいらっしゃいませと言わせる。

「守破離《しゅはり》」という言葉をご存知でしょうか。この内容に当てはめてみます。

守／マニュアル・ルール通り、忠実に業務を行う
破／マニュアル・ルールを超えた内容の改善提案を行い、実施する
離／他の仕事でも素晴らしいパフォーマンスを発揮する

このような感じです。ときに、「守」だけではお客さまには響かないこともあります。今回は「破」の内容を掘り下げていきます。

「いらっしゃいませ！」の元気なあいさつをよく思わない人は少ないでしょう。でもサービス業でよく使われる「かしこまりました」という言葉は普段の生活ではほとんど使われ

ないでしょう。このような仕事をしていると、ちょっと斜に構えて観察することも沁みついて、他のお店に入ったときには「言葉だけが一人歩きしてるな～。まだ新人さんかな?」と思えるときがあります。

もちろんこの従業員さんに何の落ち度もありません。「マニュアル通りに接客ができてるね!」と褒めたりして喜んでいる姿を見ると、男女関係なくかわいく思えてきます。ですが、てきぱきと仕事をこなしているベテランさんらしき方に当たり前のように「かしこまりました」と言われても何の感情も生まれてきません。逆に「なんかそっけない接客だな～」と思ったりもしてしまいます。これが「響かない」という意味です。

居酒屋さんなどの元気が売りという店舗であれば「かしこまりました」よりも**「了解です! マッハでお持ちします!」**くらい崩《くず》した表現の方が喜ばれるのではないでしょうか。少なくともお客さまにインパクトを与えることができます。

オペレーションに余裕があって初めて「お酒が入っているので、このくらいの表現で言ってみよう」と発想できることですね。お客さまの求めるテンポに合わせるという高等テクニックも含まれています。

そして、さらに高度になります。お客さまが入店されたときの表情、歩き方などを観察し、常連の方、初めての方などの分類を瞬間的に行って、

「今日はいつもよりお早いですね！」

というあいさつのほうがお客さまの心に響くことがあります。

もちろん、守ができていてこそのことです。お客さまの観察ができてこその応用編です。でも、ここでなぜあえてダメ店長と申し上げているかというと、お客さまとの距離感をお客さま都合ではなく、店舗ルールの都合に合わせている場合に私は言います。

もしもスタッフが間違った判断をしてしまい、お客さまからお叱りを受けたとします。そんなとき、まずは店長が謝罪してください。そして、できる店長は「ドンマイ！　観察力を上げてガンバロウ！」であるのに対して、ダメ店長は「君はまだまだそこまでのレベ

ルに達してないから普通にやって」と言ってしまったら、二度と努力しないでしょう。
このあいさつに関して以外のことでも努力すると藪蛇《やぶへび》になってしまうなら、やらないほうがマシ。マニュアル通りにやっておこう、と思ったら最後で、接客業としては人材の成長を奪ってしまうことにもなりかねません。

不快な思いを与えない、及第点のあいさつができている人材にはドンドン働き掛けるようにしてください。「お客さまノート」と並行して運営すれば、きっと休憩室での会話が弾んでくることでしょう。

このように店舗では「変化を楽しむ」ことが大切です。型にはまった仕事とは異なる充実感、達成感を得られるからこそ、大好きな職場になっていくと思ってください。

50

できる店長は、お客さまとの心のキャッチボールを大切にし、部下にもその楽しさを伝えている！

おわりに

私にとって店舗とは、自分を成長させてくれる最高のステージであると思っています。また、感情豊かに喜怒哀楽を表現し、人間としての素を出せる場所であると考えています。

多くの失敗があり、周囲に迷惑を掛け通しの日々ですが、99個の失敗は1個の成功で吹き飛んでしまいます。体の血がゾワゾワッと逆流するような喜びも怒りも店舗が私に与えてくれました。

この本は、20代、30代前半くらいの店長、店長代理、主任やアルバイトさんに読んでもらいたいと思い50項目をご紹介してきました。一つでも参考になれば本当にうれしいです。

人との出会いと別れも数多く経験させていただきました。ロッテリアの最初の研修で教わった「素敵な出会いとさわやかな別れ」は今でも克明に記憶しています。個人名は差し控えますが、Aさん、本当によい言葉を教えていただきありがとうございました。

その言葉を覚えていたからこそ、独立後に退職した企業からお仕事のオファーをいただけるなど、「人脈」という言葉だけでは言い尽くせない経験もさせていただいています。

一つだけ信念を変えずにいたことは「言いたいことを言う」でした。今でもそうですが、至らなさを差し置いて申し上げることも多く、論破されることも多くあります。でも、今の自分の全てを相手にぶつけることで成長させてもらえたのかな、とも思いますし、それが礼儀であるとも考えています。

「店長道」は、「ローマは一日にしてならず」と同じだと私は思います。そして、

「店長が成長した分だけ、店舗の業績は向上する」

この一言に尽きます。それだけ店長とはやりがいのいっぱい詰まった、最高の職位だと思います。近い将来、店長職を卒業され、さらなる重職に就かれ、ご活躍されることを期待しております。

ありがとうございました‼

株式会社チームのちから
代表取締役　植竹　剛

■著者略歴

植竹　剛（うえたけ　つよし）

1971年生まれ。（株）チームのちから代表取締役。実家が菓子業を営んでいたことから4歳から接客を始める。大学卒業後（株）ロッテリアに入社。店長経験を経て，チェーンストア化を目指す会社にヘッドハントされ転職し、3カ月で店長代理（店長不在のため実質店長）に。その後2店舗の店長経験を経てチェーンストア理論を学び直し、本部機能と他企業の再生事業も兼ねるスタートラクト（株）に入社。クライアント先で、準備期間2ヶ月、コスト投下1ヶ月後には来客数4.2倍、粗利額前年対比3.3倍を達成するなど実績を上げる。現場での実践的なコンサルに定評がある。これまで直接関わったアルバイト採用は延べ2万人以上。店長の経験は11店舗に及ぶ。

編集協力：小中強志

本書の内容に関するお問い合わせ
明日香出版社　編集部
☎(03)5395-7651

「できる店長《てんちょう》」と「ダメ店長《てんちょう》」の習慣《しゅうかん》

2014年　4月　20日　初版発行

著　者　植《うえ》竹《たけ》　剛《つよし》
発行者　石　野　栄　一

明日香出版社

〒112-0005 東京都文京区水道2-11-5
電話 (03) 5395-7650（代 表）
(03) 5395-7654（FAX）
郵便振替 00150-6-183481
http://www.asuka-g.co.jp

■スタッフ■　編集　早川朋子／久松圭祐／藤田知子／古川創一／余田志保
営業　小林勝／奥本達哉／浜田充弘／渡辺久夫／平戸基之／野口優／横尾一樹／田中裕也／関山美保子　総務経理　藤本さやか

印刷　美研プリンティング株式会社
製本　根本製本株式会社
ISBN 978-4-7569-1692-1 C2034

編集担当　古川創一

「売れる販売員」と「ダメ販売員」の習慣

内藤 加奈子著

B6判　236頁　本体価格 1400円＋税

仕事を一生懸命しているが、なんとなくうまくいかない人がいる。でもうまくいかない原因がよくわからない。そこで、「できる販売員」の仕事の取り組み方、考え方り方と「できない販売員」のそれらを比較することで、自分に何が足りないのかを理解する。全50項目4ページ展開。最後にはまとめの一言を入れていく。

各項目の見出しは、対比の表現、「稼げる販売員は○○。できない販売員は△△」とする。意外だな、と思わせるような項目も入れる。